dtv

Er war dreiundvierzig Jahre alt, Vater zweier Kinder und erfolgreicher Redakteur, als ihn am 8. Dezember 1995 ein Gehirnschlag all seiner bisherigen Lebensmöglichkeiten beraubte. Von diesem Tag an blieb Jean-Dominique Bauby vollständig gelähmt, unfähig zu sprechen, zu schlucken oder auch nur ein Glied zu rühren. Seine einzige Möglichkeit, sich verständlich zu machen, war das Blinzeln mit einem Auge. Fünfzehn Monate später beendete er ein Buch, das er allein mit dem linken Augenlid diktiert hatte. »Eine überaus komprimierte Autobiographie und ein ungewöhnliches Trostbuch zugleich.« (Brigitte)

Jean-Dominique Bauby wurde 1952 geboren, war Journalist und zuletzt Chefredakteur der Zeitschrift ›Elle‹. Er starb am 9. März 1997, wenige Tage nach Veröffentlichung des vorliegenden Buches in Frankreich.

Jean-Dominique Bauby

Schmetterling und Taucherglocke

Deutsch von
Uli Aumüller

Deutscher Taschenbuch Verlag

Ungekürzte Ausgabe
März 2002
Deutscher Taschenbuch Verlag GmbH & Co. KG,
München
www.dtv.de
© 1997 Editions Robert Laffont, S. A., Paris
Titel der französischen Originalausgabe:
›Le scaphandre et le papillon‹
© 1997 der deutschsprachigen Ausgabe:
Paul Zsolnay Verlag, Wien
Umschlagkonzept: Balk & Brumshagen
Gesetzt aus der Stempel Garamond 12/14· (3B2)
Gesamtherstellung: Druckerei C. H. Beck, Nördlingen
Gedruckt auf säurefreiem, chlorfrei gebleichtem Papier
Printed in Germany · ISBN 3-423-25190-5

Für Théophile und Céleste,
denen ich viele
Schmetterlinge wünsche.

All mein Dank gilt Claude Mendibil.
Welche wesentliche Rolle sie
bei der Abfassung dieser Seiten
gespielt hat, wird der Leser bei
der Lektüre begreifen.

Prolog

Hinter dem von Motten angenagten Vorhang kündigt eine milchige Helligkeit das Morgengrauen an. Mir tun die Fersen weh, mein Kopf dröhnt wie ein Amboß, und eine Art Taucheranzug schließt meinen ganzen Körper ein. Mein Zimmer tritt langsam aus dem Halbdunkel. Ich betrachte ausführlich die Fotos meiner Lieben, die Kinderzeichnungen und Poster, den kleinen Radfahrer aus Blech, den mir ein Freund einen Tag vor dem Radrennen Paris–Roubaix geschickt hat, und den Galgen über dem Bett, in dem ich seit sechs Monaten eingekapselt liege wie ein Einsiedlerkrebs auf seinem Felsen.

Ich brauche nicht lange nachzudenken, um zu wissen, wo ich bin, und um mich zu erinnern, daß mein Leben am Freitag, den 8. Dezember 1995 aus den Fugen geraten ist.

Bis dahin hatte ich nie etwas vom Hirnstamm gehört. An jenem Tag habe ich mit voller Wucht dieses Hauptteil unseres Bordcomputers entdeckt, die wesentliche Verbindung zwischen dem Gehirn und den Nervenenden, als ein Herz-Kreislauf-Zu-sammenbruch den besagten Stamm abschaltete. Früher wurde das »Hirnschlag« genannt, und man starb ganz einfach daran. Der Fortschritt der Re-animationstechnik hat die Strafe verfeinert. Man übersteht es, aber in einem Zustand, den die angel-sächsische Medizin so treffend locked-in syndrome getauft hat: Von Kopf bis Fuß gelähmt, ist der Patient mit intaktem Geist in sich selbst einge-sperrt, und das Schlagen des linken Augenlids ist sein einziges Kommunikationsmittel.

Natürlich erfährt der Hauptbetroffene als letz-ter von seinem Glück. Was mich betrifft, so hatte ich Anspruch auf zwanzig Tage Koma und einige Wochen Nebel, bevor ich das Ausmaß der Schäden wirklich erfaßte. Erst Ende Januar bin ich im Zim-mer 119 des Hôpital maritime in Berck wiederauf-getaucht, in das jetzt die ersten Lichtstrahlen der Morgendämmerung dringen.

Es ist ein gewöhnlicher Morgen. Um sieben Uhr beginnt das Glockenspiel der Kapelle wieder jede Viertelstunde das Entschwinden der Zeit zu skan-dieren. Nach der nächtlichen Ruhepause fangen meine verschleimten Bronchien wieder an, laut zu rasseln. Meine verkrampft auf dem gelben Bettuch liegenden Hände tun mir weh, ohne daß ich ent-scheiden kann, ob sie heiß oder eiskalt sind. Um etwas gegen die Gelenksteife zu tun, löse ich eine Reflexbewegung aus, die Arme und Beine um einige Millimeter dehnt. Das reicht oft, um ein schmerzendes Glied zu entlasten.

Der Taucheranzug wird weniger drückend, und der Geist kann wie ein Schmetterling umherflattern. Es gibt so viel zu tun. Man kann davonfliegen in den Raum oder in die Zeit, nach Feuerland oder an den Hof von König Midas.

Man kann die geliebte Frau besuchen, sich neben sie legen und ihr noch schlafendes Gesicht streicheln. Man kann Luftschlösser bauen, das Goldene Vlies erkämpfen, Atlantis entdecken, seine Kinderträume und Erwachsenenphantasien verwirklichen.

Aber genug der Zerstreuung! Ich will ein Tagebuch meiner Reise auf der Stelle verfassen und muß mir den Anfang ausdenken, bevor die Abgesandte meines Verlegers kommt, um ihn sich Buchstabe für Buchstabe diktieren zu lassen. In meinem Kopf drehe und wende ich jeden Satz zehnmal, lasse ein Wort weg, füge ein Adjektiv hinzu und lerne meinen Text Absatz für Absatz auswendig.

Sieben Uhr dreißig. Die diensthabende Krankenschwester unterbricht meinen Gedankengang. Nach einem eingespielten Ritual zieht sie den Vorhang auf, kontrolliert Luftröhrenschnitt und Tropf und stellt den Fernseher für die bevorstehenden Nachrichten an. Vorerst erzählt ein Zeichentrickfilm die Geschichte der schnellsten Kröte der westlichen Welt. Wie wär's, wenn ich ein Gelübde ablegte, damit ich in eine Kröte verwandelt werde?

Der Stuhl

Noch nie zuvor hatte ich so viele weiße Kittel in meinem kleinen Zimmer gesehen. Die Krankenschwestern, die Pfleger, die Heilgymnastin, die Psychologin, der Ergotherapeut, die Neurologin, die Assistenzärzte und sogar der große Chef, das ganze Krankenhaus hatte sich für den besonderen Anlaß herbegeben. Als sie hereinkamen und das Gerät an mein Bett schoben, dachte ich zuerst, ein neuer Mieter ergreife Besitz von dem Raum. Seit einigen Wochen in Berck, erklomm ich die Ufer des Bewußtseins jeden Tag ein bißchen höher, aber ich verstand die Verbindung nicht, die es zwischen einem Rollstuhl und mir geben konnte.

Niemand hatte mir bisher ein genaues Bild von meiner Situation vermittelt, und aus hier und da aufgesammeltem Klatsch hatte ich mir die Gewißheit zurechtgezimmert, daß ich sehr schnell Beweglichkeit und Sprache wiederfinden würde.

Mein umherschweifender Geist entwarf sogar tausend Pläne: einen Roman, Reisen, ein Theaterstück und die Kommerzialisierung eines von mir erfundenen Fruchtcocktails. Fragen Sie mich nicht nach dem Rezept, ich habe es vergessen. Sie haben mich sofort angezogen. »Das ist gut für die Moral«, hat die Neurologin sentenziös gesagt. Nach dem gelben Nylonnachthemd hätte es mir tatsächlich Freude gemacht, wieder ein kariertes Hemd, eine alte Hose und einen formlosen Pullover anzuhaben, wenn es nicht so ein Alptraum gewesen wäre, sie anzuziehen. Oder vielmehr sie nach allerhand Verrenkungen über diesen schlaffen, aus den Fugen geratenen Körper gestreift zu bekommen, der mir nur noch gehörte, um mich zu quälen.

Als ich fertig angezogen war, konnte das Ritual beginnen. Zwei Muskelmänner haben mich ohne viel Schonung bei den Schultern und den Füßen gepackt, aus dem Bett gehoben und in den Rollstuhl gesetzt. Vom bloß Kranken war ich zum Behinderten geworden, so wie im Stierkampf der Novillero zum Torero wird, wenn er zum ersten Mal den Kampf mit einem großen, ausgewachsenen Stier wagt. Man hat mir nicht applaudiert, aber fast. Meine Betreuer haben mit mir eine Runde durch das Stockwerk gedreht, um zu überprüfen, ob die sitzende Haltung keine unkontrollierbaren Krämpfe auslösen würde, aber ich bin ruhig geblieben, ganz damit beschäftigt, die brutale Abwertung meiner Zukunftsperspektiven zu ermessen. Man mußte nur meinen Kopf mit einem Spezialkissen verkeilen, denn er pendelte hin und her wie bei den afrikanischen Frauen, denen man die Pyramide aus Reifen abgenommen hat, die seit Jahren ihren Hals in die Länge zog. »Sie sind reif für den Stuhl«, kommentierte der Ergotherapeut mit einem Lächeln, das seine Worte zu einer guten Nachricht machen sollte, während sie in meinen Ohren wie ein Urteil klangen. Auf einmal sah ich die bestürzende Realität. So blendend wie ein Atomblitz. Schärfer als das Fallbeil einer Guillotine. Sie sind alle wieder gegangen. Drei Pfleger haben mich wieder ins Bett gelegt, ich mußte an diese Gangster im *film noir* denken, die sich abmühen, die Leiche des Störenfrieds, den sie gerade durchlöchert haben, in den Kofferraum ihres Autos zu hieven. Der Stuhl ist wie ein Verlassener mit meinen Kleidern über der Rückenlehne aus dunkelblauem Plastik in einer Ecke stehengeblieben. Bevor der letzte Weißkittel hinausging, habe ich ihm ein Zeichen gegeben, den Fernseher leise anzustellen. Es lief ›Des chiffres et des lettres‹, die Lieblingssendung meines Vaters. Seit dem Morgen rann anhaltender Regen die Fensterscheiben hinunter.

Das Gebet

Letzten Endes war der Rollstuhlschock heilsam. Die Dinge wurden klarer. Ich entwarf keine tollkühnen Pläne mehr und konnte die Freunde aus ihrem Schweigen entlassen, die seit meinem Hirnschlag einen liebevollen Schutzwall um mich errichtet hatten. Da das Thema nicht mehr tabu war, haben wir über das Locked-in-Syndrom zu sprechen begonnen. Zum einen ist es eine Seltenheit. Das ist kein Trost, aber die Chancen, in diese teuflische Falle zu geraten, sind so groß, wie den Superjackpot im Lotto zu gewinnen. In Berck sind wir nur zwei, die die Symptome haben, und dabei ist mein *L. I. S.*[*] noch mit Vorsicht zu genießen. Mein Fehler ist, daß ich den Kopf hin und her bewegen kann, was im klinischen Bild eigentlich nicht vorgesehen ist. Da die meisten Fälle einem vegetativen Leben anheimgegeben sind, ist die Entwicklung des Krankheitsverlaufs wenig bekannt. Man weiß nur, daß das Nervensystem,

[*] L. I.S.: Locked-in-Syndrom

15

wenn es Lust bekommt, sich wieder in Gang zu setzen, dies mit dem Tempo eines Haars tut, das von der Hirnbasis an wächst. Es besteht also die Gefahr, daß einige Jahre vergehen, bevor ich auch nur die Zehen bewegen kann.

Mögliche Besserungen kann man tatsächlich bei den Atemwegen erwarten. Langfristig kann man sich eine normalere Ernährung ohne Magensonde erhoffen, eine natürliche Atmung und vielleicht sogar, daß die Atemluft auch die Stimmbänder wieder in Schwingungen versetzt.

Vorerst wäre ich der glücklichste Mensch, wenn es mir gelänge, den übermäßigen Speichel herunterzuschlucken, der ständig in meinem Mund zusammenläuft. Der Tag ist noch nicht angebrochen, und schon übe ich mich darin, die Zunge hinten über den Gaumen gleiten zu lassen, um den Schluckreflex auszulösen. Außerdem habe ich meinem Kehlkopf die Säckchen mit Weihrauch geweiht, von reisenden gläubigen Freundinnen aus Japan mitgebrachte Exvotos, die an der Wand in meinem Zimmer hängen. Sie sind ein Stein im Monument der Danksagungen, das nahestehende Menschen im Laufe ihrer Reisen für mich erbaut haben. Unter allen Himmelsstrichen hat man für mich die verschiedensten Geister angerufen. Ich versuche etwas Ordnung in diese weitläufige Bewegung der Seelen zu bringen. Wenn ich erfahre, daß man für mich in einer bretonischen Kapelle

einige Kerzen angezündet oder in einem nepalesi-
schen Tempel ein Mantra psalmodiert hat, weise
ich diesen spirituellen Veranstaltungen gleich einen bestimmten Zweck zu. So habe ich mein rechtes Auge einem Marabut in Kamerun anvertraut,
der von einer Freundin beauftragt ist, die Götter
Afrikas für mich gnädig und milde zu stimmen.
Und wegen der Hörstörungen verlasse ich mich
auf die guten Beziehungen, die eine Schwieger-
mutter mit frommem Herzen zu den Mönchen
einer Bruderschaft in Bordeaux hat. Sie weihen mir
regelmäßig ihre Rosenkranzgebete, und manchmal
schleiche ich mich in ihre Abtei, um die Gesänge
gen Himmel steigen zu hören. Es hat noch zu
keinem außergewöhnlichen Ergebnis geführt, aber
als sieben Brüder desselben Ordens von fanati-
schen Islamisten ermordet wurden, hatte ich mehrere Tage Ohrenschmerzen. Gleichwohl ist diese
Protektion an höchsten Stellen nur ein Wall aus
Ton, eine Mauer aus Sand, eine Maginotlinie neben
den kleinen Gebeten, die meine Tochter Céleste
jeden Abend an ihren lieben Gott richtet, ehe sie
die Augen schließt. Da wir etwa zur gleichen Zeit
einschlafen, schiffe ich mich mit dieser wunderbaren Wegzehrung, die alle bösen Begegnungen von
mir fernhält, ins Königreich der Träume ein.

Das Bad

Um acht Uhr dreißig kommt die Heilgymnastin. Sportliche Figur und ein Profil wie auf einer römischen Münze. Brigitte bewegt meine von Gelenksteife befallenen Arme und Beine. Das heißt »Mobilisierung«, und diese kriegerische Terminologie ist lachhaft, wenn man die Magerkeit der Truppe sieht: In zwanzig Wochen habe ich dreißig Kilo abgenommen. Mit einem solchen Ergebnis hatte ich nicht gerechnet, als ich acht Tage vor meinem Hirnschlag eine Diät begann. Vorher überprüft Brigitte, ob irgendein Zucken eine Besserung anzeigt. »Versuchen Sie, meine Faust zu drücken«, verlangt sie. Da ich manchmal die Illusion habe, die Finger zu bewegen, konzentriere ich meine Energie darauf, ihre Fingerglieder zu zermalmen, aber nichts regt sich, und sie legt meine leblose Hand auf das Stück Schaumgummi zurück, das ihr als Schmuckkästchen dient. Veränderungen gibt es nur an meinem Kopf. Ich kann ihn jetzt um 90° hin und her bewegen, und mein Gesichtsfeld reicht vom Schieferdach des Gebäudes nebenan zu der seltsamen Mickymaus mit der heraushängenden Zunge, die mein Sohn Théophile gemalt hat, als ich den Mund nicht öffnen konnte. Durch Übungen sind wir inzwischen so weit, daß wir einen Lutscher hineinschieben könnten. Wie die Neurologin sagt: »Sie brauchen viel Geduld.« Die Heilgymnastik endet mit einer Gesichtsmassage. Mit ihren warmen Fingern fährt Brigitte über mein ganzes Gesicht, über die taube Zone, die mir die Konsistenz von Pergament zu haben scheint, und die innervierte Partie, in der ich noch eine Augenbraue runzeln kann. Die Demarkationslinie geht durch den Mund, mit dem ich nur halb lächeln kann, was meinen Stimmungsschwankungen so ziemlich entspricht. Zum Beispiel kann ein alltägliches Ereignis wie das Gewaschenwerden ganz verschiedene Gefühle in mir erregen.

An einem Tag finde ich es spaßig, mit vierundvierzig Jahren gesäubert, umgedreht, abgewischt und gewindelt zu werden wie ein Säugling. In voller infantiler Regression empfinde ich dabei sogar eine vage Lust. Am nächsten Tag kommt mir das alles im höchsten Maße erschütternd vor, und eine Träne rollt in den Rasierschaum, den ein Pfleger auf meinen Wangen verteilt. Und das wöchentliche Bad taucht mich zugleich in Jammer und Glückseligkeit. Auf den köstlichen Moment, wenn ich in die Badewanne sinke, folgt schnell die wehmütige Erinnerung an die großen Wassergelage, die der Luxus meines früheren Lebens waren. Versorgt mit einer Tasse Tee oder einem Whisky, mit einem guten Buch oder einem Stoß Zeitungen, ließ ich mich lange einweichen und bediente die Wasserhähne mit den Zehen. Es gibt nur wenige Momente, in denen ich meinen Zustand so grausam verspüre wie bei der Erinnerung an diese Freuden. Zum Glück habe ich keine Zeit, ihr nachzuhängen. Schon werde ich, am ganzen Leib schlotternd, auf einer fahrbaren Liege, die so bequem ist wie ein Fakirbrett, in mein Zimmer zurückgebracht. Bis zehn Uhr dreißig muß ich von Kopf bis Fuß angezogen sein, um hinunter in den Heilgymnastikraum zu eilen. Da ich den vom Haus empfohlenen schaurigen Jogginganzug abgelehnt habe, trage ich wieder meine Klamotten eines verbummelten Studenten. Genauso wie das Bad könnten meine alten Sachen schmerzliche Bahnen in meinem Gedächtnis auftun. Aber ich sehe darin eher ein Symbol, daß das Leben weitergeht. Und den Beweis dafür, daß ich noch ich selbst sein will. Wenn man schon Gefahr läuft zu sabbern, kann man es auch auf einen Kaschmirpulli tun.

Das Alphabet

Ich mag die Buchstaben meines Alphabets. Nachts, wenn ich im Dunkeln liege und die einzige Spur von Leben ein kleiner roter Punkt ist, das Kontrollicht des Fernsehapparats, tanzen Vokale und Konsonanten für mich nach einer Farandole von Charles Trenet: *De Venise, ville exquise, j'ai gardé le doux souvenir...* Hand in Hand schweben sie durchs Zimmer, kreisen um mein Bett, flattern am Fenster entlang, schlängeln sich über die Wand bis zur Tür und heben zu einer neuen Runde an.

ESARINTULOMDPCFBVHGJQZYXKW. Das scheinbar Ungeordnete dieses lustigen Defilees ist nicht das Ergebnis eines Zufalls, sondern gelehrter Berechnungen. Eher als ein Alphabet ist es eine Hitparade, in der jeder Buchstabe seinen Platz nach der Häufigkeit seines Vorkommens in der französischen Sprache bekommen hat. So tummelt sich das E an der Spitze, und das W klammert sich fest, um nicht von der Schar fallen gelassen zu werden. Das B schmollt vor dem V, mit dem es dauernd verwechselt wird. Das stolze J, mit dem so viele Sätze anfangen, wundert sich, daß es so weit hinten steht. Gekränkt, daß es vom H um einen Platz geschlagen wurde, zieht das G ein Gesicht, und immer auf du und du (wie im französischen *tu*), genießen das T und das U die Freude, nicht getrennt worden zu sein. All diese Umstellungen haben einen Grund: die Aufgabe all derer zu erleichtern, die versuchen wollen, direkt mit mir zu kommunizieren.

Das Verfahren ist ziemlich rudimentär. Man buchstabiert mir das ABC in der ESA-Version, bis ich meinen Gesprächspartner mit einem Blinzeln bei dem Buchstaben anhalte, den er sich notieren soll. So geht es mit den folgenden Buchstaben weiter, und wenn kein Fehler passiert, erhält man ziemlich schnell ein ganzes Wort, dann mehr oder weniger verständliche Satzteile. Das ist die Theorie, die Gebrauchsanweisung, die Erläuterung. Nicht alle kommen gleich gut mit dem Code zurecht, wie man diese Art, meine Gedanken zu übersetzen, auch nennt. Kreuzworträtsellöser und *Scrabble*-Spieler haben eine ganze Länge Vorsprung. Mädchen sind besser als Jungen. Durch viel Übung kennen einige das Spiel auswendig und benutzen nicht einmal mehr das hochheilige Heft, halb Gedächtnisstütze, um die Buchstabenreihenfolge in Erinnerung zu bringen, halb Notizblock, auf dem alle meine Äußerungen verzeichnet werden wie die Orakel einer Pythia.

Ich frage mich, zu welchen Schlüssen die Ethnologen im Jahr 3000 kommen werden, wenn sie in diesen Heften blättern sollten, in denen sich auf ein und derselben Seite Sätze finden, wie: »Die Heilgymnastin ist schwanger«, »Vor allem an den Beinen«, »Von Arthur Rimbaud« und »Die Franzosen haben wirklich gespielt wie die Schweine«. Das Ganze unterbrochen von unverständlichem Gekritzel, falsch zusammengesetzten Wörtern, verlorenen Buchstaben und alleinstehenden Silben.

Die Empfindsamen verlieren am schnellsten die Orientierung. Mit tonloser Stimme rasseln sie das Alphabet herunter, notieren auf gut Glück ein paar Buchstaben und rufen angesichts des Resultats ohne Hand und Fuß tapfer aus: »Ich bin einfach unfähig!« Das ist letztlich ganz erholsam, denn sie übernehmen am Ende die ganze Unterhaltung, stellen die Fragen und geben die Antworten, ohne daß man sie anzukurbeln braucht. Mehr fürchte ich die Ausweichenden. Wenn ich sie frage: »Wie geht's?«, antworten sie: »Gut« und schieben mir den Schwarzen Peter gleich wieder zu. Mit ihnen wird das Alphabet ein Sperrfeuer, und man muß zwei oder drei Fragen auf Vorrat haben, um nicht unterzugehen. Die Bedürftigen dagegen machen nie Fehler. Sie notieren gewissenhaft jeden Buchstaben und versuchen nie das Geheimnis eines Satzes herauszufinden, bevor er fertig ist. Nicht einmal das kürzeste Wort wagen sie zu vervollständigen. Nie würden sie von sich aus das »gnon« zu »Champi«, das auf »Atomkraft« folgende »werk« oder das »lich« ergänzen, ohne das es kein »unend« und kein »unerträg« gäbe. Diese Umstandskrämer machen den Prozeß ziemlich langwierig, aber zumindest werden Sinnwidrigkeiten vermieden, in die sich die Impulsiven verstricken, wenn sie ihre Intuitionen nicht überprüfen. Die Poesie dieser intellektuellen Spiele habe ich an dem Tag begriffen, als ich dazu ansetzte, um meine Sonnenbrille zu bitten, und man mich höflich fragte, was ich denn mit der Sonne wolle ...

Die Kaiserin

Es gibt nicht mehr viele Orte in Frankreich, an denen die Erinnerung an Kaiserin Eugénie noch gepflegt wird. In der großen Galerie des *Hôpital maritime,* einem riesigen, hallenden Raum, in dem fünf Rollstühle nebeneinander fahren können, erinnert eine Vitrine daran, daß die Gemahlin von Napoléon III. die Patin dieser Einrichtung war. Die zwei Hauptkuriositäten jenes Mini-Museums sind eine weiße Marmorbüste, die diese entthronte Hoheit, die mit vierundneunzig Jahren, ein halbes Jahrhundert nach dem Ende des Zweiten Kaiserreichs, gestorben ist, im Glanz ihrer Jugend wiedererstehen läßt, und der Brief, in dem der stellvertretende Bahnhofsvorsteher von Berck dem Herausgeber des ›Correspondant maritime‹ den kurzen kaiserlichen Besuch vom 4. Mai 1864 erzählt. Man sieht genau die Ankunft des Sonderzugs vor sich, das Ballett der jungen Frauen, die Eugénie begleiten, den Gang der fröhlichen Schar durch die Stadt und im Krankenhaus die kleinen Patienten, die ihrer erlauchten Schutzherrin vorgestellt werden.

Eine Zeitlang habe ich keine Gelegenheit ausgelassen, vor diesen Reliquien meine Andacht zu verrichten.

Den Bericht des Eisenbahners habe ich wohl zwanzigmal gelesen. Ich mischte mich unter die schnatternde Schar der Hofdamen, und während Eugénie von einem Haus zum anderen ging, folgte ich ihrem Hut mit gelben Bändern, ihrem Sonnenschirm aus Taft und ihrer vom Eau de Cologne des Hofparfümeurs geschwängerten Spur. An einem sehr windigen Tag habe ich es sogar gewagt, mich ihr zu nähern, und habe mein Gesicht zwischen den Falten ihres Kleides aus weißer Gaze mit breiten Satinstreifen vergraben. Es war weich wie Schlagsahne und so frisch wie der Morgentau. Sie hat mich nicht zurückgestoßen. Sie ist mir mit den Fingern durch das Haar gefahren und hat sanft, mit einem spanischen Akzent, ähnlich dem der Neurologin, zu mir gesagt: »Nun, mein Kind, du mußt sehr geduldig sein.« Sie war nicht mehr die Kaiserin der Franzosen, sondern eine trostreiche Gottheit wie die heilige Rita, die Schutzheilige der hoffnungslosen Fälle.

Und dann, eines Nachmittags, als ich ihrem Bildnis meinen Kummer anvertraute, hat sich ein unbekanntes Gesicht zwischen sie und mich geschoben. In einer Spiegelung der Vitrine ist ein Männergesicht aufgetaucht, das in einem Dioxinfaß verweilt zu haben schien. Der Mund war schief, die Nase uneben, das Haar zerzaust, der Blick von Entsetzen erfüllt. Ein Auge war zuge-näht und das andere aufgerissen wie das Auge Kains. Eine Minute lang habe ich diese erweiterte Pupille angestarrt, ohne zu begreifen, daß es ganz einfach ich war.

Da hat mich eine seltsame Euphorie erfaßt. Ich war nicht nur exiliert, paralysiert, stumm, halb taub, aller Freuden beraubt und auf ein Quallen-dasein herabgemindert, sondern obendrein war ich auch noch gräßlich anzusehen. Ich habe den ner-vösen Lachanfall bekommen, den eine Serie von Katastrophen auslöst, wenn man nach einem letz-ten Schicksalsschlag beschließt, diesen als Scherz aufzufassen. Mein vergnügtes Röcheln hat Eugénie erst einmal aus der Fassung gebracht, ehe sie sich von meiner Erheiterung anstecken ließ. Wir haben gelacht, bis uns die Tränen kamen. Die städtische Blaskapelle hat einen Walzer gespielt, und ich war so fröhlich, daß ich gern aufgestanden wäre, um Eugénie zum Tanz aufzufordern, wenn die Um-stände es erlaubt hätten. Wir wären auf den Kilo-metern von Fliesen herumgewirbelt. Seit diesem Ereignis finde ich immer, wenn ich durch die große Galerie komme, daß die Kaiserin ein bißchen schalkhaft aussieht.

Cinecittà

Den lärmenden Ultraleichtflugzeugen, die die
Côte d'Opale in einer Höhe von hundert Metern
überfliegen, bietet das *Hôpital maritime* einen fes-
selnden Anblick. Mit seinen massiven, überlade-
nen Formen, seinen hohen braunen Klinkermau-
ern im Stil der Häuser des Nordens wirkt es, als sei
es inmitten der Sandflächen zwischen der Stadt
Berck und den grauen Wassern des Ärmelkanals
gestrandet. Am Giebel der schönsten Fassade steht
wie an den öffentlichen Bädern und Gemeinde-
schulen in der Hauptstadt »Ville de Paris«. Im
Zweiten Kaiserreich für kranke Kinder erbaut,
denen das Klima in den Pariser Krankenhäusern
keine Heilung bot, hat diese Außenstelle ihren ex-
traterritorialen Status bewahrt.

In Wirklichkeit befinden wir uns zwar im Pas-
de-Calais, doch für die öffentliche Fürsorge sind
wir am Ufer der Seine.

Durch endlose Gänge miteinander verbunden,
bilden die Gebäude ein wahres Labyrinth, und
nicht selten begegnet man im *Sorrel* einem verirr-

ten Patienten aus dem *Ménard,* nach den berühmten Chirurgen, deren Namen die Hauptgebäude
tragen. Die Unglücklichen haben den Blick von
Kindern, die man gerade ihrer Mutter entrissen
hat, und rufen, auf ihren Krücken zitternd, pathe-
tisch: »Ich bin verloren!« Ich selbst bin ein *Sorrel,*
wie die Krankenträger sagen, und finde mich ganz
gut zurecht; aber bei den Freunden, die mich her-
umkutschieren, ist das nicht immer der Fall, und
ich habe mir angewöhnt, angesichts der tastenden
Versuche der Neulinge stoisch zu bleiben, wenn
wir auf dem Holzweg sind. Es kann ja dazu führen,
daß ich einen unbekannten Winkel entdecke, neue
Gesichter erblicke, im Vorbeifahren einen Kü-
chengeruch erwische. So bin ich bei einem der
ersten Male, als man mich in meinem Rollstuhl
umherschob, während ich gerade aus den Nebeln
des Komas aufstieg, auf den Leuchtturm gestoßen.
Er tauchte hinter der Biegung eines Treppenhauses
auf, in das wir uns verirrt hatten: schlank, kräftig
und beruhigend mit seiner rot-weiß gestreiften
Livree, die einem Rugbytrikot ähnelte. Ich habe
mich sofort unter den Schutz dieses brüderlichen
Symbols begeben, das über die Seeleute wacht wie
über die Kranken, diese Schiffbrüchigen der Einsamkeit.

Wir sind in ständiger Verbindung, und ich besuche ihn oft, wenn ich mich nach Cinecittà fahren
lasse, eine der wichtigsten Gegenden in meiner

imaginären Geographie des Krankenhauses. Cinecittà, das sind die immer menschenleeren Terrassen
von Haus *Sorrel.* Nach Süden gelegen, bieten diese
weiten Balkone ein Panorama, dem der poetische
und windschiefe Charme von Filmkulissen ent-
strömt. Die Vororte von Berck sehen aus wie Mo-
dellbauten für die elektrische Eisenbahn. Am Fuß
der Dünen erwecken einige Baracken die Illusion
einer Geisterstadt im Wilden Westen. Und was das
Meer betrifft, so ist sein Schaum so weiß, daß er
aus der Abteilung *special effects* zu stammen
scheint.

Ich könnte ganze Tage in Cinecittà verweilen.
Dort bin ich der größte Filmregisseur aller Zeiten.
In der Stadt drehe ich noch einmal die erste Ein-
stellung von ›Im Zeichen des Bösen‹. Am Strand
wiederhole ich noch einmal die Kamerafahrten in
›Ringo‹, und auf hoher See erschaffe ich noch einmal den Sturm, in den die Schmuggler in ›Moon-
fleet‹ geraten. Oder ich löse mich einfach in der
Landschaft auf, und nichts verbindet mich mehr
mit der Welt als eine Freundeshand, die meine
tauben Finger streichelt. Ich bin Pierrot le fou[*],
mit blauverschmiertem Gesicht und einem Kranz
Dynamit um den Kopf. Die Versuchung, ein
Streichholz anzuzünden, zieht schnell wie eine

[*] Pierrot le fou: Figur aus dem gleichnamigen Film von
Jean-Luc Godard.

Wolke vorüber. Und dann kommt die Stunde, da der Tag zur Neige geht, der letzte Zug nach Paris zurückfährt und ich wieder in mein Zimmer muß. Ich warte auf den Winter. Warm eingemummelt können wir uns dann Zeit lassen, bis es dunkel wird, zuschauen, wie die Sonne untergeht und der Leuchtturm an ihre Stelle tritt, indem er Hoffnungsstrahlen in alle Richtungen wirft.

Die Touristen

Nachdem Berck direkt nach Kriegsende die jungen Opfer der letzten Tuberkuloseepidemien aufgenommen hatte, gab es seine Berufung als Kinderkrankenhaus nach und nach auf. Heute werden hier eher die Leiden des Alters bekämpft, der unerbittliche Verfall von Körper und Geist, doch die Geriatrie ist nur ein Teil des Bildes, das man zeichnen muß, um eine genaue Vorstellung von den Patienten der Einrichtung zu bekommen. Auf der einen Seite gibt es etwa zwanzig Fälle von Dauerkoma, arme Teufel in einer endlosen Nacht, an den Pforten des Todes. Sie verlassen nie ihr Zimmer. Doch jeder weiß, daß sie da sind, und sie lasten seltsam auf der Gemeinschaft, wie ein schlechtes Gewissen. Auf der gegenüberliegenden Seite, neben der Kolonie der Alten ohne Angehörige, findet man einige Fettleibige mit verstörter Miene, deren beträchtlichen Körperumfang die Medizin zu reduzieren hofft. In der Mitte bildet ein beeindruckendes Bataillon Marschunfähiger das Gros der Truppe. Überlebende des Sports, der Straße und aller nur möglichen und vorstellbaren Haushaltsunfälle, sind sie in Berck nur so lange auf der Durchreise, bis ihre gebrochenen Glieder wiederhergestellt sind. Ich nenne sie »die Touristen«.

Um das Bild zu vervollständigen, muß man noch eine Ecke für uns finden, Federvieh mit gebrochenen Flügeln, Papageien ohne Stimme, Unglücksraben, die ihr Nest in einem abgelegenen Flur der neurologischen Abteilung eingerichtet haben. Natürlich verschandeln wir die Gegend. Ich kenne das leichte Unbehagen zu gut, das wir hervorrufen, wenn wir, still und steif, eine Gruppe von weniger benachteiligten Kranken durchqueren.

Der beste Posten zur Beobachtung dieses Phänomens ist der Gymnastikraum, in dem alle Rehabilitationspatienten zusammenkommen. Es ist wie früher auf der Cour des Miracles, laut und bunt. In einem Spektakel von Schienen, Prothesen und mehr oder weniger komplizierten Apparaturen trifft man auf einen jungen Mann mit Ohrring, der sich mit dem Motorrad kaputtgefahren hat, eine Mami in fluoreszierendem Trainingsanzug, die nach einem Sturz von einem Hocker wieder laufen lernt, und einen Halbclochard, von dem noch niemand in Erfahrung bringen konnte, wie er es fertiggebracht hat, daß die Metro ihm einen Fuß abfuhr. In Kreisen aufgereiht wie Zwiebelschalen, schwenkt diese Menschheit unter lockerer Aufsicht Arme und Beine, während ich auf einer schiefen Ebene festgeschnallt bin, die nach und nach in die Vertikale befördert wird. Jeden Morgen verbringe ich eine halbe Stunde so aufgehängt, in hieratischer Habtachtstellung, die an das Erscheinen des steinernen Gasts im letzten Akt von Mozarts ›Don Giovanni‹ erinnert. Unter mir wird gelacht, gescherzt, gerufen. Ich würde gern an all dieser Fröhlichkeit teilhaben, aber sobald ich mein einziges Auge auf sie richte, wenden alle, der junge Mann, die Mami, der Clochard, den Kopf ab und haben das dringende Bedürfnis, den Branddetektor unter der Decke anzusehen. Die »Touristen« haben wohl sehr große Angst vor Feuer.

Die Wurst

Jeden Tag nach meiner Vertikalisierung bringt mich ein Krankenwärter aus dem Gymnastikraum zurück in mein Zimmer und stellt mich neben dem Bett ab, bis die Pfleger kommen und mich wieder hinlegen. Und jeden Tag ruft mir derselbe Krankenwärter, da es Mittag ist, mit wohlberechneter Jovialität ein »Mahlzeit« zu, womit er sich bis zum nächsten Tag verabschieden will. Das ist natürlich ungefähr so, wie wenn man am 15. August »Fröhliche Weihnachten« wünscht oder am hellichten Tag »Gute Nacht!« Seit acht Monaten habe ich alles in allem einige Tropfen Zitronenwasser und einen halben Löffel Joghurt zu mir genommen, die sich mit lautem Getöse in den Atemwegen verirrt haben. Der Ernährungsversuch, wie dieses Festessen hochtrabend genannt wurde, hat sich als untauglich erwiesen. Keine Sorge, deswegen bin ich trotzdem nicht verhungert. Mittels einer Sonde in den Magen sichern zwei oder drei Flaschen einer bräunlichen Substanz mein tägliches Kalorienquantum. Zu meinem Vergnügen greife ich auf die lebendige Erinnerung an Geschmäcker und Gerüche zurück, ein unerschöpfliches Reservoir an Empfindungen. Es gab einmal die Kunst, Reste zu verwerten. Ich kultiviere die Kunst, Erinnerungen aufzukochen. Man kann sich jederzeit zwanglos zu Tisch setzen. Wenn ich ins Restaurant gehe, brauche ich nicht zu reservieren. Wenn ich selbst koche, gelingt es immer. Das Bœuf bourguignon ist zart, das Rindfleisch in Gelee ist durchsichtig, und der Aprikosenkuchen hat die nötige säuerliche Note. Je nach Laune leiste ich mir ein Dutzend Schnecken, Sauerkraut mit Speck und Würstchen und eine Flasche Gewürztraminer, eine goldgelbe Spätlese, oder ich genieße ein einfaches weichgekochtes Ei, in das ich ein Stück Brot mit gesalzener Butter tunke. Wie köstlich! Das Eigelb läuft mir in langen, warmen Schlucken über den Gaumen in die Kehle. Und es gibt nie Verdauungsprobleme. Natürlich verwende ich die besten Produkte: die frischesten Gemüse, fangfrische Fische, das am besten abgehangene Fleisch. Alles muß vorschriftsmäßig zubereitet werden. Um ganz sicherzugehen, habe ich mir von einem Freund das Rezept für die echte Bratwurst aus Troyes schicken lassen, die aus dreierlei Fleischsorten, riemenartig miteinander verflochten, besteht. Auch beachte ich gewissenhaft die Jahreszeiten. Augenblicklich erfrische ich meine Geschmacksnerven mit Melonenstücken und roten Früchten. Austern und Wild kommen im Herbst dran, wenn ich bis dahin noch Lust auf sie habe, denn ich werde vernünftig, geradezu asketisch. Zu Beginn meines langen Fastens trieb mich der Mangel ständig in meine imaginäre Speisekammer. Ich hatte Heißhunger. Heute könnte ich mich fast mit der Hausmacherwurst im Netz zufriedengeben, die noch immer in einem Winkel meines Kopfes hängt. Eine unregelmäßig geformte Lyoner Salami, sehr trocken und grob gehackt. Jede Scheibe schmilzt ein bißchen auf der Zunge, bevor man sie kaut, um ihr volles Aroma herauszuholen. Diese Wonne ist für mich beinah etwas Heiliges, ein Fetisch, dessen Geschichte fast vierzig Jahre zurückreicht. Ich war noch im Alter der Bonbons, aber ich zog ihnen schon Fleisch und Wurst vor, und der Pflegerin meines Großvaters mütterlicherseits war aufgefallen, daß ich bei jedem meiner Besuche in der finsteren Wohnung am Boulevard Raspail mit reizendem Lispeln Wurst von ihr verlangte. Da sie so geschickt darin war, der Naschhaftigkeit von Kindern und Greisen nachzugeben, hat diese tüchtige Gouvernante am Ende einen Doppelsieg davongetragen, indem sie mir eine Wurst schenkte und meinen Großvater kurz vor seinem Tod heiratete. Meine Freude, ein solches Geschenk zu bekommen, war ebenso groß wie der Verdruß, den diese überraschende Heirat in der Familie verursachte. Vom Großvater habe ich nur ein ziemlich verschwommenes Bild in Erinnerung, eine im Halbdunkel liegende Gestalt mit dem strengen Gesicht von Victor Hugo auf den alten Fünfhundertfrancscheinen, die damals in Umlauf waren. Viel deutlicher sehe ich die Wurst vor mir, die zwischen meinen Spielsachen und meinen Bilderbüchern unpassend herumliegt.

Ich fürchte, ich werde nie eine bessere essen.

Der Schutzengel

Auf dem Namensschild an Sandrines weißem Kittel steht: Logopädin, aber es müßte heißen: Schutzengel. Sie war es, die den Kommunikationscode eingeführt hat, ohne den ich von der Welt abgeschnitten wäre. Zwar haben die meisten meiner Freunde das System nach einer Unterweisung übernommen, aber hier im Krankenhaus sind Sandrine und eine Psychologin leider die einzigen, die es praktizieren. Meistens steht mir also nur ein kümmerliches Arsenal von mimischen Veränderungen, Augenblinzeln und Kopfschütteln zur Verfügung, um darum zu bitten, daß die Tür zugemacht, eine eingeklemmte Wasserspülung behoben, der Fernseher leiser gestellt oder ein Kopfkissen hochgeschoben wird. Es gelingt mir keineswegs immer. Im Laufe der Wochen hat mir diese erzwungene Einsamkeit zu einem gewissen Stoizismus verholfen und zu der Erkenntnis, daß das Krankenhauspersonal zweigeteilt ist. Da gibt es die Mehrheit, die mein Zimmer nicht betreten würde, ohne zu versuchen, meine SOS-Signale zu begreifen, und die anderen, weniger gewissenhaften, die so tun, als sähen sie meine Notzeichen nicht, und wieder verschwinden. So wie dieser reizende Unmensch, der mir die Übertragung des Fußballspiels Bordeaux–München in der Halbzeit abgedreht hat und mir ein unwiderrufliches »Gute Nacht« zukommen ließ. Diese Unmöglichkeit der Kommunikation belastet natürlich weit über die praktischen Aspekte hinaus. So kann man den Trost ermessen, den es für mich bedeutet, wenn Sandrine zweimal am Tag an die Tür klopft, mit einem Schnütchen wie ein ertapptes Eichhörnchen hereinschaut und auf einen Schlag alle bösen Geister vertreibt. Die unsichtbare Taucherglocke, die mich ständig umschließt, erscheint dann weniger bedrückend.

Die Logopädie ist eine Kunst, die es verdient, daß man sie kennt. Sie können sich nicht vorstellen, welche Turnübungen Ihre Zunge automatisch veranstaltet, um alle sprachlichen Laute hervorzubringen. Derzeit scheitere ich am »L«, ein armseliger Chefredakteur, der nicht einmal mehr den Namen seiner eigenen Zeitschrift aussprechen kann. An Glückstagen finde ich zwischen zwei Hustenanfällen den Atem und die Energie, um einige Phoneme stimmlich zu artikulieren. An meinem Geburtstag ist es Sandrine gelungen, mich dazu zu bringen, das ganze Alphabet verständlich auszusprechen. Ein schöneres Geschenk hätte man mir nicht machen können. Ich hörte eine heisere Stimme aus der Tiefe der Zeiten, die die sechsundzwanzig Buchstaben dem Nichts entriß. Diese erschöpfende Übung gab mir das Gefühl, ein Höhlenmensch zu sein, der dabei ist, die Sprache zu entdecken.

Manchmal unterbricht das Telefon unsere Arbeit. Ich nutze Sandrines Anwesenheit, um mit einigen mir Nahestehenden verbunden zu sein und Lebensbruchstücke aufzuschnappen, so wie man einen Schmetterling einfängt. Meine Tochter Céleste erzählt von ihren Spazierritten auf dem Pony. In fünf Monaten wird sie neun. Mein Vater erklärt mir seine Schwierigkeiten, sich auf den Beinen zu halten. Er macht tapfer sein dreiundneunzigstes Lebensjahr durch. Das sind die beiden äußersten Glieder der Kette aus Liebe, die mich umgibt und schützt. Ich frage mich oft, wie diese einseitigen Dialoge auf meine Gesprächspartner wirken. Mich erschüttern sie. Wie gern würde ich diesen liebevollen Anrufen etwas anderes als mein Schweigen entgegensetzen. Die sanfte Florence spricht nie mit mir, wenn ich nicht vorher laut in den Hörer geatmet habe, den Sandrine an mein Ohr hält. »Jean-Do, bist du da?« fragt Florence beunruhigt am anderen Ende.

Ich muß sagen, daß ich es manchmal selbst nicht mehr so recht weiß.

Die Fotografie

Als ich meinen Vater das letzte Mal sah, habe ich ihn rasiert. Das war in derselben Woche wie mein Hirnschlag. Da es ihm nicht gutging, habe ich bei ihm in seiner kleinen Pariser Wohnung in der Nähe der Tuilerien übernachtet, und morgens, nachdem ich ihm seinen Tee mit Milch gekocht hatte, habe ich mich daran gemacht, ihn von seinem Mehrere-Tage-Bart zu befreien. Diese Szene ist mir unauslöschlich in Erinnerung.

Tief in den Sessel aus rotem Filz eingesunken, in dem er für gewöhnlich die Zeitungen ausschlachtet, trotzt Papa tapfer dem blinkenden Rasiermesser, das sich an seine schlaffe Haut macht. Ich habe ihm ein breites Handtuch um den hageren Hals gelegt, habe eine dicke Wolke Schaum auf seinem Gesicht verteilt und versuche seine stellenweise von geplatzten Äderchen durchzogene Haut nicht zu sehr zu reizen. Vor Müdigkeit liegen die Augen tief in ihren Höhlen, die Nase tritt stärker aus dem abgezehrten Gesicht hervor, aber der Mann hat nichts verloren von seiner imposanten Erscheinung mit der weißen Haarpracht, die seine große Gestalt von jeher krönt. Ringsum im Zimmer haben sich so viele Schichten seiner Lebenserinnerungen angehäuft, bis eine jener Rumpelkammern alter Leute entstanden ist, deren Geheimnisse nur ihnen allein bekannt sind. Es ist ein Durcheinander von alten Zeitschriften, Schallplatten, die kein Mensch mehr hört, verschiedenartigsten Gegenständen und Fotos aus allen Epochen, die unter dem Rahmen eines großen Spiegels stecken. Da ist Papa im Matrosenanzug, wie er mit dem Reifen spielt, vor dem Ersten Weltkrieg, meine Tochter mit acht Jahren als Amazone und eine Aufnahme von mir, schwarzweiß, auf einem Minigolfplatz. Ich war elf Jahre alt, hatte Blumenkohlohren und sehe aus wie ein etwas dummer Streber, was um so haarsträubender ist, als ich damals schon ein professioneller Faulpelz war.

Ich beende mein Amt als Barbier damit, meinen Erzeuger mit seinem Lieblingstoilettenwasser zu besprengen. Dann verabschieden wir uns, ohne daß er, wie sonst oft, auf den Brief in seinem Schreibtisch zu sprechen kommt, in dem sein Letzter Wille steht. Seither haben wir uns nicht wiedergesehen. Ich verlasse meine Sommerfrische in Berck nicht, und mit dreiundneunzig Jahren erlauben ihm seine Beine nicht mehr, die majestätische Treppe seines Wohnhauses hinunterzusteigen. Wir haben beide das Locked-in-Syndrom, jeder auf seine Weise, ich in meinem Gehäuse, er in seinem dritten Stock. Jetzt werde ich jeden Morgen rasiert, und ich denke oft an ihn, wenn ein Pfleger mir mit einer acht Tage alten Klinge sorgfältig die Wangen schabt. Ich hoffe, ich habe einen aufmerksameren Figaro abgegeben.

Hin und wieder ruft er mich an, und ich kann seine warmherzige Stimme hören, die ein wenig in dem Hörer zittert, den eine hilfreiche Hand an mein Ohr drückt. Es ist bestimmt nicht einfach, mit einem Sohn zu sprechen, von dem man ganz genau weiß, daß er nicht antworten wird. Er hat mir auch das Foto vom Minigolfplatz geschickt. Zuerst habe ich nicht verstanden, warum. Es wäre ein Rätsel geblieben, wenn nicht jemand auf die Idee gekommen wäre, auf die Rückseite zu sehen. Mit einem Mal sind in meinem privaten Kino lange vergessene Bilder erschienen, Bilder eines Wochenendes im Frühling, an dem meine Eltern mit mir zum Durchlüften in einen windigen Marktflecken, in dem nicht viel los war, gefahren waren. Mit seiner regelmäßigen, gestochenen Handschrift hat Papa auf dem Foto nur vermerkt: *Berck-sur-Mer, April 1963.*

Noch ein Zufall

Fragte man die Leser von Alexandre Dumas, in welcher seiner Figuren sie gern wiedergeboren würden, die meisten würden sich wohl für D'Artagnan oder Edmond Dantès entscheiden, und keiner käme auf die Idee, Noirtier de Villefort zu nennen, die ziemlich sinistre Figur aus ›Der Graf von Monte Christo‹. Als Leiche mit lebhaftem Blick, als ein schon zu drei Vierteln dem Grab Geweihter, wie ihn Dumas beschrieben hat, bringt einen dieser vollständig Behinderte nicht zum Träumen, sondern zum Erschauern. Ohnmächtiger und stummer Mitwisser der furchtbarsten Geheimnisse, verbringt er sein Leben entkräftet in einem Stuhl mit Rollen sitzend und kommuniziert nur, indem er mit den Augen blinzelt: ein Blinzeln bedeutet ja, zwei nein. Tatsächlich ist Opapa Noirtier, wie ihn seine Enkelin zärtlich nennt, der erste Fall von Locked-in-Syndrom und bis heute der einzige, den es in der Literatur gegeben hat.

Seit mein Geist aus dem dichten Nebel aufgetaucht ist, in den mein Hirnschlag ihn versenkt hatte, habe ich viel an Opapa Noirtier gedacht. Ich hatte den ›Grafen von Monte Christo‹ gerade wiedergelesen, und nun fand ich mich selbst mitten in diesem Buch, in der allermißlichsten Lage. Diese Lektüre kam nicht von ungefähr. Ich hatte den zweifellos ikonoklastischen Plan, eine moderne Version dieses Romans zu schreiben: Die Rache blieb natürlich das Movens der Handlung, aber sie spielte in unserer Zeit, und Monte Christo war eine Frau.

Ich habe nun also keine Zeit gehabt, diese verbrecherische Majestätsbeleidigung zu begehen. Als Strafe wäre ich lieber in andere Figuren aus dem Roman, in Baron Danglars, in Frantz d'Epinay, in Abbé Faria, verwandelt worden oder hätte alles in allem lieber zehntausendmal schreiben müssen: Man tändelt nicht mit Meisterwerken. Die Götter der Literatur und der Neurologie haben anders darüber entschieden.

An manchen Abenden habe ich das Gefühl, daß Opapa Noirtier mit seinem langen weißen Haar und seinem hundert Jahre alten Rollstuhl, der einen Tropfen Öl brauchte, in unseren Fluren patrouilliert. Um die Beschlüsse des Schicksals umzukehren, habe ich jetzt eine große Saga im Kopf, in der der entscheidende Zeuge eher ein Läufer als ein Gelähmter ist. Man weiß ja nie. Vielleicht klappt es.

Der Traum

Im allgemeinen erinnere ich mich nicht an meine Träume. Sobald es Tag wird, verliere ich den Faden des Szenarios, und die Bilder verwischen sich unerbittlich. Warum sind dann jene Dezemberträume mit der Präzision eines Laserstrahls in mein Gedächtnis eingraviert? Vielleicht gehört es zum Wesen des Komas. Da man nicht in die Realität zurückfindet, können die Träume nicht in Ruhe verfliegen, sondern ballen sich zusammen und bilden eine lange Phantasmagorie, die sich wie ein Fortsetzungsroman immer neu belebt. Auch heute abend fällt mir wieder eine Episode ein.

In meinem Traum schneit es in dicken Flocken. Eine dreißig Zentimeter dicke Schicht bedeckt den Autofriedhof, über den mein bester Freund und ich vor Kälte schlotternd gehen. Seit drei Tagen versuchen Bernard und ich, wieder nach Frankreich zu gelangen, das von einem Generalstreik gelähmt ist. In einem italienischen Wintersportort, in dem wir gestrandet waren, hatte Bernard einen Bummelzug nach Nizza entdeckt, aber an der

Grenze unterbrach eine Absperrung durch Streikende unsere Reise, und wir mußten in leichten Schuhen und Übergangskleidung in den Sturm hinaus. Die Szenerie ist unheimlich. Ein Viadukt führt über den Autofriedhof, und man könnte meinen, es wären von der Autobahn, fünfzig Meter über uns, herabgestürzte Fahrzeuge, die sich da stapeln. Wir haben eine Verabredung mit einem mächtigen italienischen Geschäftsmann, der sein Hauptquartier in einem Pfeiler dieses Kunstwerks, weitab von neugierigen Blicken eingerichtet hat. Man muß an eine Tür aus gelbem Eisen klopfen, mit einem Schild LEBENSGEFAHR und Anleitungen zur Ersten Hilfe für unter Strom Stehende. Die Tür geht auf. Der Vorraum erinnert an das Lager eines Konfektionsschneiders in der Rue du Sentier: Jacken auf einer Kleiderstange, stapelweise Hosen, Kartons mit Hemden bis unter die Decke. An seiner wilden Mähne erkenne ich den Zerberus im Kampfanzug, der uns mit einer Maschinenpistole in der Hand begrüßt. Es ist Radovan Karadžić, der serbische Führer. »Mein Kamerad kriegt keine Luft«, sagt Bernard zu ihm. Karadžić macht mir einen Luftröhrenschnitt, dann steigen wir über eine prunkvolle Glastreppe hinunter ins Untergeschoß. Die mit fahlrotem Leder bespannten Wände, weiche Sofas und eine gedämpfte Beleuchtung verleihen diesem Büro etwas Nachtklubhaftes. Bernard diskutiert mit dem Hausherrn, einem

Klon von Gianni Agnelli, dem eleganten Chef von *Fiat*, während mich eine Hosteß mit libanesischem Akzent an eine kleine Bar führt. Gläser und Flaschen sind durch Plastikschläuche ersetzt, die von der Decke fallen wie die Sauerstoffmasken in abstürzenden Flugzeugen. Ein Barkeeper gibt mir durch ein Zeichen zu verstehen, ich solle mir einen davon in den Mund stecken, was ich auch tue. Eine nach Ingwer schmeckende, bernsteinfarbene Flüssigkeit fließt hindurch, und ein Gefühl von Wärme durchdringt mich von den Zehenspitzen bis in die Haarwurzeln. Nach einer Weile würde ich gern aufhören zu trinken und von meinem Hocker heruntersteigen. Trotzdem trinke ich, unfähig zur geringsten Bewegung, in großen Schlucken weiter. Ich werfe dem Barkeeper verschreckte Blicke zu, um seine Aufmerksamkeit auf mich zu lenken. Er antwortet mit einem rätselhaften Lächeln. Um mich herum verzerren sich Gesichter und Stimmen. Bernard sagt etwas zu mir, aber die Töne, die im Zeitlupentempo aus seinem Mund kommen, sind unverständlich. Statt dessen höre ich den ›Bolero‹ von Ravel. Man hat mich vollständig unter Drogen gesetzt.

Eine Ewigkeit später nehme ich Kampfgetöse wahr. Die Hosteß mit dem libanesischen Akzent lädt mich auf ihren Rücken und schleppt mich die Treppe hinunter. »Wir müssen weg, die Polizei kommt.« Draußen ist es Nacht geworden, und es schneit noch stärker. Ein eisiger Wind raubt mir den Atem. Auf dem Viadukt hat man einen Scheinwerfer aufgestellt, dessen Lichtkegel zwischen den verlassenen Wracks herumstöbert.

»Ergebt euch, ihr seid umzingelt!« schreit ein Megaphon. Es gelingt uns zu fliehen, und das ist für mich der Beginn eines langen Umherirrens. In meinem Traum würde ich gern die Flucht ergreifen, aber sobald ich Gelegenheit dazu habe, verwehrt mir eine unsagbare Apathie, einen einzigen Schritt zu tun. Ich bin versteinert, mumifiziert, zu Glas geworden. Wenn mich eine Tür von der Freiheit trennt, habe ich nicht die Kraft, sie zu öffnen. Doch das ist nicht meine einzige Angst. Als Geisel einer mysteriösen Sekte fürchte ich, daß meine Freunde in die gleiche Falle geraten. Ich versuche mit allen Mitteln, sie zu warnen, aber mein Traum deckt sich voll und ganz mit der Realität. Ich bin unfähig, ein Wort zu sprechen.

Die Stimme aus dem Off

Ich bin schon auf sanftere Weise geweckt worden. Als ich an jenem Morgen Ende Januar zu mir kam, stand ein Mann über mich gebeugt und nähte mit Nadel und Faden, wie man ein Paar Socken stopft, mein rechtes Augenlid zu. Ich wurde von einer unsinnigen Angst gepackt: Wird mir der Augenarzt, einmal in Schwung, auch das linke Auge zunähen, meine einzige Verbindung mit der Außenwelt, das einzige Oberlicht meines Kerkers, das Bullauge in meiner Taucherglocke? Zum Glück wurde ich nicht ins Dunkel getaucht. Er verstaute seine kleinen Geräte sorgsam in mit Watte ausgekleidete Blechdosen und ließ im Ton eines Staatsanwalts, der für einen Rückfälligen eine exemplarische Strafe fordert, knapp verlauten: »Sechs Monate.« Mit meinem sehtüchtigen Auge vervielfachte ich die fragenden Signale, doch der gute Mann verbringt zwar seine Tage damit, die Augen anderer unter die Lupe zu nehmen, aber deswegen kann er noch lange nicht die Blicke lesen. Er ist der Prototyp des Hauptsache-die-Kasse-stimmt-Arztes, eingebildet, herrisch, dünkelhaft, der die Patienten gebieterisch für acht Uhr bestellt, selbst um neun Uhr kommt und um fünf nach neun wieder geht, nachdem er jedem fünfundvierzig Sekunden seiner kostbaren Zeit gewidmet hat. Äußerlich hat er Ähnlichkeit mit Max la Menace[*], ein dicker, runder Kopf auf einem untersetzten, ruckartig sich bewegenden Körper. Schon bei den gewöhnlichen Kranken ist er wenig gesprächig, aber bei Gespenstern wie mir verflüchtigt er sich geradezu und hat keinen Atem zu vergeuden, um uns die kleinste Erklärung zu geben. Ich erfuhr schließlich, warum er mein Auge für sechs Monate abgedichtet hatte: Das Lid erfüllte nicht mehr seine Aufgabe als beweglicher, schützender Vorhang, und es bestand die Gefahr einer Geschwürbildung auf der Hornhaut.

Im Lauf der Wochen habe ich mich gefragt, ob das Krankenhaus nicht absichtlich einen so garstigen Menschen beschäftigt, um das dumpfe Mißtrauen, das das medizinische Personal irgendwann bei den Langzeitpatienten hervorruft, auf ihn zu konzentrieren. Eine Art Prügelknabe. Falls er weggeht, wie es heißt, über welche aufgeblasene Null werde ich mich dann lustig machen können?

---

[*] Max la Menace: Titelheld einer amerikanischen Fernsehserie, die Agentenfilme parodiert (deutscher Titel: ›Immer wenn er Pillen nahm‹).

Auf seine ewige Frage: »Sehen Sie doppelt?« werde ich nicht mehr das einsame, harmlose Vergnügen haben, mich in meinem tiefsten Innern antworten zu hören: »Ja, ich sehe zwei Arschlöcher anstelle von einem.«

Wie die Luft zum Atmen brauche ich es, Gefühle zu haben, zu lieben und zu bewundern. Der Brief eines Freundes, ein Gemälde von Balthus auf einer Postkarte, eine Seite Saint-Simon geben den Stunden, die vergehen, einen Sinn. Aber um auf dem Quivive zu bleiben und nicht in lauer Resignation zu versinken, bewahre ich mir ein Quantum Wut und Abscheu, nicht zuviel und nicht zuwenig, so wie der Schnellkochtopf sein Ventil hat, um nicht zu explodieren.

Apropos, ›Der Schnellkochtopf‹ könnte ein Titel für das Theaterstück sein, das ich vielleicht eines Tages über meine Erfahrung schreiben werde. Ich habe auch schon daran gedacht, es ›Das Auge‹ zu nennen oder natürlich ›Die Taucherglocke‹. Handlung und Kulisse kennen Sie ja schon. Das Krankenhauszimmer, in dem Monsieur L., ein Familienvater in den besten Jahren, allmählich lernt, mit dem Locked-in-Syndrom zu leben, der Folge eines schweren Herz-Kreislauf-Versagens. Das Stück erzählt von Monsieur L.s Abenteuern in der Welt der Medizin und von der Entwicklung seiner Beziehung zu seiner Frau, seinen Kindern, Freunden und Teilhabern in der angesehenen Werbeagentur, deren Mitbegründer er ist. Ehrgeizig und ziemlich zynisch, bisher ohne Mißerfolge davongekommen, erfährt Monsieur L., was Verzweiflung ist, sieht alle Gewißheiten, mit denen er gewappnet war, zusammenbrechen und entdeckt, daß die ihm Nahestehenden Unbekannte für ihn sind. Diese langsame Veränderung kann man dank einer Stimme aus dem Off, Monsieur L.s innerem Monolog in sämtlichen Situationen, aus nächster Nähe verfolgen. Das Stück braucht nur noch geschrieben zu werden. Die letzte Szene habe ich schon im Kopf. Die Bühne ist in Halbdunkel getaucht, mit Ausnahme eines Lichthofs, in dessen Mitte das Bett steht. Es ist Nacht, alles schläft. Plötzlich schlägt Monsieur L., der, seit der Vorhang aufgegangen ist, reglos dagelegen hat, die Bettdecke zurück, springt aus dem Bett und geht in der unwirklichen Beleuchtung rund um die Bühne. Dann wird es dunkel, und man hört ein letztes Mal die Stimme aus dem Off, Monsieur L.s inneren Monolog: »Scheiße, es war ein Traum.«

Ein Glückstag

Kaum ist der Tag angebrochen, da wird Zimmer 119 heute morgen vom Unglück heimgesucht. Seit einer halben Stunde ertönt der Alarm des Apparats, der meine Ernährung reguliert, ins Leere hinein. Ich kenne nichts Dümmeres und Abscheulicheres als dieses schrille »piep, piep«, das am Gehirn nagt. Obendrein ist durch meine Transpiration das Pflaster abgegangen, das mein rechtes Augenlid verschließt, und die verklebten Wimpern kitzeln schmerzhaft meine Pupille. Und um das Ganze zu krönen, ist auch noch mein Blasenkatheter herausgerutscht. Ich liege in einer Überschwemmung. Während ich auf Hilfe warte, summe ich im stillen einen alten Schlager von Henri Salvador: »Ach komm, Baby, das alles ist doch nicht so schlimm.« Jetzt kommt übrigens die Schwester. Mechanisch macht sie den Fernsehapparat an. Es läuft Werbung. Ein *Minitel*-Anbieter, »3617 Milliarden«, stellt die Frage: »Sind Sie ausersehen, Ihr Glück zu machen?«

Die Spur der Schlange

Wenn mich jemand zum Spaß fragt, ob ich vorhabe, eine Wallfahrt nach Lourdes zu machen, antworte ich, die habe ich schon gemacht. Es war Ende der siebziger Jahre. Joséphine und ich hatten eine hinreichend komplizierte Beziehung, um auszuprobieren, ob wir gemeinsam eine Vergnügungsreise hinbrächten, einen dieser Ausflüge in Etappen, die ebenso viele Keime zur Zwietracht enthalten, wie ein Tag Minuten hat. Um morgens loszufahren, ohne zu wissen, wo man abends übernachten wird, und ohne eine Ahnung, wie man dieses unbekannte Ziel erreicht, muß man entweder sehr diplomatisch oder abgrundtief unaufrichtig sein. Joséphine gehörte wie ich zur zweiten Kategorie, und eine Woche lang war ihr blaßblaues altes Cabrio der mobile Schauplatz permanenter Szenen einer Ehe. Von Ax-les-Thermes, wo ich gerade eine Wandertour beendet hatte – ein unpassender Einschub in ein Leben, das sich allem, außer dem Sport widmete –, nach Chambre d'Amour, einem kleinen Strand an der baskischen Küste, wo

Joséphines Onkel eine Villa besaß, machten wir eine stürmische und wunderbare Reise durch die Pyrenäen und ließen ein Kielwasser von »Das-hab-ich-nie-gesagt« hinter uns.

Der Hauptgrund für diese herzliche Unstimmig-keit war ein dickes Buch von sechs- oder sieben-hundert Seiten mit einem schwarz-roten Einband, von dem sich ein reißerischer Titel abhob. ›Die Spur der Schlange‹ erzählte das Tun und Treiben von Charles Sobraj, einer Art Guru der Landstraße, der bei Bombay oder Katmandu westliche Rei-sende behexte und ausplünderte. Die Geschichte dieser Schlange französisch-indischer Herkunft war authentisch. Abgesehen davon könnte ich nicht mehr die kleinste Einzelheit angeben, und es ist sogar möglich, daß meine Zusammenfassung nicht stimmt. Woran ich mich aber genau erinnere, ist die Macht, die Charles Sobraj auch über mich hatte. Wenn ich hinter Andorra noch bereit war, die Augen von meinem Buch zu lösen, um eine Landschaft zu bewundern, so war es am Pic du Midi so weit, daß ich mich rundweg weigerte, aus dem Auto auszusteigen, um den Spaziergang bis zum Aussichtspunkt zu machen. Allerdings war der Berg an jenem Tag auch in dichten Nebel ge-hüllt, weshalb sich die Aussicht und überhaupt der Reiz des Ausflugs in Grenzen hielten. Nichtsde-stoweniger ließ Joséphine mich da sitzen und ging zwei Stunden in den Wolken schmollen. Wollte sie deshalb unbedingt über Lourdes fahren, um den Bann von mir zu nehmen? Da ich noch nie in dieser Welthauptstadt des Wunders gewesen war, stimmte ich ohne Murren zu. Jedenfalls verschmolz Charles Sobraj in meinem von der Lektüre fiebrigen Geist mit Bernadette Soubirous*, und die Wasser des Adour vermischten sich mit denen des Ganges.

Am nächsten Tag, nachdem wir einen Paß der *Tour de France* überquert hatten, dessen Überwindung ich sogar im Auto anstrengend fand, fuhren wir bei erstickender Hitze in Lourdes ein. Joséphine saß am Steuer, ich neben ihr. Und ›Die Spur der Schlange‹ thronte deformiert und angeschwollen auf dem Rücksitz. Seit dem Morgen hatte ich nicht gewagt, sie anzurühren, da Joséphine entschieden hatte, daß meine Leidenschaft für diese exotische Saga auf ein Desinteresse ihr gegenüber schließen ließ. Es war die Hochsaison der Wallfahrten, und die Stadt war voll belegt. Ich unternahm es trotzdem, die Hotels systematisch durchzukämmen, und sah mich, je nach dem Niveau des Etablissements, mit vorwurfsvollem Achselzucken oder einem »Es-tut-uns-wirklich-leid« konfrontiert. Mein Hemd klebte vor Schweiß an meinem

* Bernadette Soubirous: französische Nonne, die 1858 mehrere Marienerscheinungen bei Lourdes erlebte, aufgrund deren der Ort zu einer Wallfahrtsstätte wurde.

Rücken, und das Gespenst eines neuen Streits schwebte über uns, als der Portier eines *Hotels von England, von Spanien, vom Balkan* oder von was weiß ich mich im sentenziösen Ton eines Notars, der den Erben das unerwartete Hinscheiden eines reichen Onkels in Amerika verkündet, von einem Rücktritt informierte. Ja, er hatte ein Zimmer. Ich unterließ es, zu sagen: »Das ist ja ein Wunder«, denn ich spürte instinktiv, daß man hier mit diesen Dingen nicht scherzte. Der Aufzug war überdimensional, groß genug für fahrbare Liegen, und als ich zehn Minuten später unter der Dusche stand, stellte ich fest, daß sogar das Badezimmer behindertengerecht war.

Während Joséphine ihrerseits die nötigen Waschungen vornahm, stürzte ich mich, mit einem bloßen Handtuch bekleidet, auf die herrliche Oase aller Verdurstenden: die Minibar. Als erstes leerte ich in einem Zug eine kleine Flasche Mineralwasser. O Flasche, auf immer werde ich deinen Glashals an meinen trockenen Lippen spüren. Danach bereitete ich für Joséphine eine Schale Champagner und für mich einen Gin-Tonic zu. Nachdem ich mein Amt als Barkeeper ausgeübt hatte, unternahm ich verstohlen einen strategischen Rückzug zu Charles Sobrajs Abenteuern, aber statt der erwarteten beruhigenden Wirkung erweckte der Champagner Joséphines touristische Neigung wieder zu ihrer ganzen Kraft. »Ich will die Jungfrau Maria sehen«, wiederholte sie und hüpfte auf der Stelle wie der katholische Schriftsteller François Mauriac auf einem berühmten Foto.

Unter einem verhangenen, bedrohlichen Himmel machten wir uns also auf zu dem heiligen Ort und stiegen hinauf, vorbei an einer ununterbrochenen Kolonne von Rollstühlen, die von wohltätigen Damen geschoben wurden, die offensichtlich nicht zum ersten Mal mit einem Gelähmten unterwegs waren. »Wenn's Regen gibt, alle in die Basilika!« schmetterte die fromme Schwester, die den Zug anführte, autoritär mit flatternder Haube und dem Rosenkranz in der Hand. Ich beobachtete verstohlen die Kranken, diese verkrümmten Hände, diese verschlossenen Gesichter, diese in sich zusammengesunkenen Häufchen Leben. Die Augen eines solchen Kranken begegneten meinem Blick, und ich deutete ein Lächeln an, aber er erwiderte es damit, daß er mir die Zunge herausstreckte. Ich spürte, daß ich, wie ertappt, einfältig bis zu den Ohren errötete. Mit rosa Turnschuhen, rosa Jeans, rosa Sweatshirt schritt Joséphine entzückt inmitten einer dunklen Menge voran: Alle französischen Priester, die sich noch wie Priester kleiden, schienen sich hier verabredet zu haben. Sie geriet fast in Ekstase, als dieser Chor von Soutanen ein ›Maria, breit' den Mantel aus‹ anstimmte, den Choral ihrer Kindheit. Ein etwas unaufmerksamer Beobachter hätte sich allein aufgrund der Stimmung in der Nähe des Pariser Stadions *Parc des Princes* während eines Europacupspiels wähnen können.

Auf dem großen freien Platz vor dem Eingang zur Grotte wand sich im quälenden Rhythmus der Ave-Marias eine einen Kilometer lange Schlange. Nie hatte ich eine so lange Reihe von Wartenden gesehen, außer vielleicht in Moskau vor dem Lenin-Mausoleum.

»Hör mal, ich stelle mich nicht so lange an!«

»Schade«, erwiderte Joséphine, »das würde einem Ungläubigen wie dir guttun.«

»Ganz und gar nicht, es ist sogar gefährlich. Stell dir einen kerngesunden Typ vor, der mitten in eine Erscheinung hineinplatzt. Ein Wunder, und schon ist er gelähmt.«

Zehn Köpfe drehten sich zu mir um, um zu sehen, wer da so blasphemisch daherredete. »Idiot«, flüsterte Joséphine. Ein Platzregen sorgte für Ablenkung. Gleich bei den ersten Tropfen erlebte man eine Urzeugung von Regenschirmen, und ein Geruch nach heißem Staub schwebte in der Luft.

Wir ließen uns mitreißen bis zur unterirdischen Basilika von Johannes XXIII., diesem gigantischen Gebetshangar, in dem von sechs Uhr morgens bis Mitternacht mit einem Priesterwechsel nach jeweils zwei oder drei Gottesdiensten die Messe gelesen wird. Ich hatte in einem Führer gelesen, daß

das Betonkirchenschiff größer ist als der Peters-
dom in Rom und mehrere Jumbo-Jets darin Platz
finden könnten. Ich folgte Joséphine auf eine der
Emporen, wo unter einem der unzähligen Laut-
sprecher, welche die Zeremonie mit vielen Echos
übertrugen, noch Plätze frei waren. »Gerühmt sei
Gott im allerhöchsten Himmel ... allerhöchsten
Himmel ... Himmel ...« Bei der Erhebung der
Hostie holte mein Nebenmann, ein vorausschau-
ender Pilger, ein Fernglas fürs Pferderennen aus
seinem Rucksack, um die Operationen zu beauf-
sichtigen. Andere Gläubige hatten behelfsmäßige
Sehrohre dabei, wie man sie beim Umzug am
14. Juli sieht. Joséphines Vater hatte mir oft erzählt, wie er mit dem Verkauf solcher Artikel an
den Metro-Eingängen angefangen hatte, Geld zu
verdienen. Das hatte ihn nicht davon abgehalten,
eine große Nummer beim Rundfunk zu werden.
Nunmehr setzte er sein Talent als Straßenhändler
dazu ein, Fürstenhochzeiten, Erdbeben und Box-
kämpfe zu kommentieren. Draußen hatte der Regen aufgehört. Die Luft hatte sich abgekühlt. Joséphine ließ das Wort *shopping* verlauten. Um dieser
Möglichkeit vorzubeugen, hatte ich die Haupt-
straße ausfindig gemacht, in der die Andenkenläden dicht an dicht lagen wie in einem orientali-
schen Souk und den extravagantesten religiösen
Kitsch zur Schau stellten.

Joséphine sammelte: alte Parfumflakons, ländliche Bilder mit einzelner Kuh oder Kuhherde, Teller mit unechten Speisen, wie sie in den Auslagen der Restaurants in Tokio als Speisekarte dienen, und ganz allgemein das Kitschigste, was sie auf ihren zahlreichen Reisen fand. Hier nun war es wirklich Liebe auf den ersten Blick. Im vierten Geschäft, auf dem linken Bürgersteig schien sie Joséphine in einem Wirrwarr von frommen Münzen, Schweizer Kuckucksuhren und Käsetellern zu erwarten. Eine reizende Stuckbüste mit einem blinkenden Heiligenschein, der aussah wie Christbaumschmuck.

»Da ist meine Jungfrau Maria!« triumphierte Joséphine.

»Ich schenke sie dir«, sagte ich sofort, ohne eine Vorstellung von dem Betrag, den der Händler mir mit der Behauptung, es sei ein Einzelstück, abknöpfen sollte. Am Abend in unserem Hotelzimmer feierten wir unsere Anschaffung in ihrem blinkenden, heiligen Licht. An der Decke zeichnete sich ein phantastischer Schatten ab.

»Weißt du, Joséphine, ich glaube, wir müssen uns trennen, wenn wir wieder in Paris sind.«

»Meinst du, ich hätte das noch nicht kapiert!«

»Aber Jo . . .«

Sie war eingeschlafen. Sie hatte die Gabe, augenblicklich in schützenden Schlaf zu fallen, wenn eine Situation ihr mißfiel. Sie beurlaubte sich für fünf Minuten oder mehrere Stunden vom Leben.

Eine Weile beobachtete ich, wie das Stück Wand über dem Kopfende des Bettes aus der Dunkelheit trat und wieder verschwand. Welcher Dämon konnte Leute dazu treiben, ein ganzes Zimmer mit orangefarbener Jute zu bespannen?

Da Joséphine noch immer schlief, zog ich mich leise an, um einer meiner Lieblingsbeschäftigungen nachzugehen: nächtliches Umherstreifen. Das war meine Art, gegen Widrigkeiten anzukämpfen: bis zur Erschöpfung vor mich hin zu laufen. Auf der Straße kippten holländische Jugendliche geräuschvoll große Schoppen Bier hinunter. Sie hatten Löcher in Müllsäcke geschnitten, um sich Regenmäntel daraus zu machen. Schwere Gitter verwehrten den Zugang zur Grotte, aber durch sie hindurch konnte man den Schein von Hunderten von Kerzen sehen, die dort herunterbrannten. Viel später führte mich mein Umherirren wieder in die Straße der Andenkenläden. Im vierten Schaufenster hatte eine völlig identische Maria bereits den Platz der unseren eingenommen. Da bin ich zum Hotel zurückgegangen, und schon von weitem sah ich unser Zimmer, das mitten im Halbdunkel blinkte. Ich bin die Treppe hinaufgestiegen und habe mich dabei bemüht, die Träume des Nachtportiers nicht zu stören. ›Die Spur der Schlange‹ lag wie ein Schmuckstück in seinem Kästchen aufgeschlagen auf meinem Kopfkissen. »Ach«, murmelte ich, »Charles Sobraj, den hatte ich völlig vergessen.«

Ich erkannte Joséphines Schrift. Ein riesiges I lief quer über die Seite 168. Es war der Anfang einer Botschaft, die sich über gut zwei Kapitel des Buchs hinzog und sie ganz unlesbar machte.

Ich liebe dich, Ducon. Laß deine Joséphine nicht leiden. Zum Glück war ich mit der Lektüre schon weiter.

Als ich die Jungfrau Maria ausknipste, brach gerade der neue Tag an.

Der Vorhang

Heimlich beobachte ich meine Kinder, zusammen-gesunken in meinem Rollstuhl, den ihre Mutter durch die Krankenhausflure schiebt. Ich bin zwar ein etwas zombiehafter Vater geworden, aber Théophile und Céleste sind ganz wirklich, ständig in Bewegung und am Meckern, und ich werde nicht müde, sie gehen, einfach nur neben mir gehen zu sehen, wobei sie das Unbehagen, das auf ihren kleinen Schultern lastet, mit selbstsicherem Getue kaschieren. Im Gehen wischt Théophile die Spei-chelfäden, die aus meinem geschlossenen Mund rinnen, mit Papierservietten ab. Seine Geste ist ver-stohlen, zugleich zärtlich und furchtsam, so als habe er ein Tier mit unvorhersehbaren Reaktionen vor sich. Sobald wir langsamer werden, legt Cé-leste ihre nackten Arme um meinen Kopf, bedeckt meine Stirn mit schallenden Küssen und sagt wie-der und wieder: »Das ist mein Papa, das ist mein Papa«, wie einen Zauberspruch. Wir feiern Vater-tag. Bis zu meinem Hirnschlag hatten wir nicht das Bedürfnis, dieses aufgezwungene Miteinander in unseren Gefühlskalender einzutragen, aber jetzt verbringen wir diesen symbolischen Tag zusammen, wahrscheinlich um zu bezeugen, daß eine Andeutung, ein Schatten, ein Stückchen Papa immer noch ein Papa ist. Ich bin hin- und hergerissen zwischen der Freude, sie ein paar Stunden lang leben, sich bewegen, lachen oder weinen zu sehen, und der Befürchtung, daß der Anblick dieses ganzen Leids, bei meinem eigenen angefangen, nicht gerade die ideale Unterhaltung für einen zehnjährigen Jungen und seine achtjährige kleine Schwester ist, auch wenn wir in der Familie die weise Entscheidung getroffen haben, nichts zu verharmlosen.

Wir lassen uns im *Beach Club* nieder. So nenne ich eine Stelle in den Dünen, die der Sonne und dem Wind ausgesetzt ist und wo die Verwaltung die Freundlichkeit hatte, Tische, Stühle und Sonnenschirme aufzustellen und sogar einige Butterblumen auszusäen, die zwischen dem Unkraut im Sand blühen. In dieser Schleusenkammer am Rand des Strandes, zwischen dem Krankenhaus und dem wahren Leben, kann man träumen, eine gute Fee werde alle Rollstühle in Strandsegler verwandeln. »Spielen wir was? Vielleicht Galgenmännchen?« fragt Théophile, und wenn mein Kommunikationssystem schlagfertige Antworten nicht ausschlösse, würde ich ihm gern antworten, daß es mir schon reicht, den Gelähmten zu spielen. Der scharfsinnigste Einfall wird stumpf und fällt durch, wenn es mehrere Minuten dauert, ihn vorzubringen. Wenn er dann endlich zur Sprache kommt, versteht man selbst nicht mehr recht, was einem so amüsant daran vorkam, ehe man ihn mühsam Buchstabe für Buchstabe diktiert hat. Ungelegen kommende Geistesblitze müssen also ausgespart werden. Das nimmt dem Gespräch seinen quecksilbrigen Schaum, die Bonmots, die man sich wie einen Ball abwechselnd zuwirft, und dieser erzwungene Mangel an Humor gehört für mich zu den Nachteilen meines Zustands.

Na gut, einverstanden mit dem Galgenmännchen, dem Nationalsport der Siebtkläßler. Ich finde ein Wort, ein weiteres, bleibe dann beim dritten stecken. Tatsächlich bin ich mit meinen Gedanken nicht richtig beim Spiel. Eine Welle von Kummer hat mich überwältigt. Théophile, mein Sohn, sitzt brav neben mir, sein Gesicht ist fünfzig Zentimeter von meinem entfernt, und ich, sein Vater, habe nicht das simple Recht, mit der Hand über sein dichtes Haar zu streichen, ihn in seinen flaumigen Nacken zu zwicken, seinen glatten, warmen kleinen Körper ganz fest zu umarmen. Was soll ich dazu sagen? Ist es ungeheuerlich, ungerecht, eine Sauerei oder entsetzlich? Plötzlich bringt es mich um. Tränen steigen auf, und meiner Kehle entringt sich ein krampfhaftes Röcheln, bei dem Théophile erschauert. Keine Angst, kleiner Mann, ich liebe dich. Immer noch bei seinem Galgenmännchen, beendet er die Partie. Noch zwei Buchstaben, er hat gewonnen, und ich habe verloren. Auf einem Stück Papier zeichnet er den Galgen, den Strick und den Hingerichteten zu Ende.

Währenddessen schlägt Céleste auf der Düne Kapriolen. Ich weiß nicht, ob man darin einen Akt der Kompensation sehen muß, aber seit für mich das Heben eines Augenlids etwas von Gewichtheben hat, ist sie eine regelrechte Akrobatin geworden. Sie macht Handstand, Kopfstand, Brücke, schlägt Räder und verbindet sie, gelenkig wie eine Katze, mit gefährlichen Sprüngen. Zur langen Liste ihrer späteren Berufe hat sie sogar, neben Lehrerin, Top-Model und Floristin, noch Seiltänzerin hinzugefügt. Nachdem sie mit ihren Pirouetten das Publikum des *Beach Club* erobert hat, beginnt unser künftiges *show-girl* eine Gesangseinlage, was Théophile zur Verzweiflung bringt, der nichts mehr haßt, als aufzufallen. Ebenso verschlossen und schüchtern, wie seine Schwester extrovertiert ist, hat er mich an dem Tag von Herzen gehaßt, an dem ich in seiner Schule die Erlaubnis erbeten und erhalten habe, eigenhändig die Glocke zum Beginn des Schuljahrs zu läuten. Niemand kann vorhersagen, ob Théophile ein glückliches Leben haben wird, auf alle Fälle wird er im verborgenen leben.

Mir ist schleierhaft, wie Céleste sich ein solches Repertoire von Sechziger-Jahre-Schlagern zulegen konnte. Johnny, Sylvie, Sheila, Clo-Clo, Françoise Hardy – kein Star dieses Goldenen Zeitalters fehlt beim Appell. Neben den allseits bekannten großen Hits – so unverwüstlichen Evergreens wie dieser Zug von Richard Antony, der nach dreißig Jahren nie wirklich aufgehört hat, in unseren Ohren zu pfeifen – singt Céleste vergessene Schlager, die Wolken von Erinnerungen hinter sich herziehen. Seit der Zeit, als ich diese Single von Claude François, genannt Clo-Clo, auf den *Teppaz*-Plattenspieler legte, den ich mit zwölf besaß, habe ich seine ›Pauvre petite fille riche‹ bestimmt nicht wieder gehört. Doch sobald Céleste – ziemlich falsch, übrigens – die ersten Takte dieses Ohrwurms trällert, fällt mir unerwartet präzise jeder Ton, jede Strophe, jede Einzelheit des Chors oder der Orchestrierung wieder ein, bis hin zum Tosen der Brandung, das über der Einleitung liegt. Ich sehe die Plattenhülle vor mir, das Foto des Sängers, sein gestreiftes Hemd mit Button-down-Kragen, das ein unerreichbarer Traum für mich war, weil meine Mutter es vulgär fand. Ich erinnere mich sogar an den Donnerstagnachmittag, an dem ich diese Platte bei einem Cousin meines Vaters kaufte, einem sanften Hünen, der einen winzigen Laden im Untergeschoß der Gare du Nord hatte und dem eine ewige Mais-*Gitane* im Mundwinkel hing. *Si seule sur cette plage, pauvre petite fille riche ...* Die Zeit ist vergangen, und die Menschen verschwinden allmählich. Mama ist als erste gestorben, dann hat Clo-Clo sich mit einem Stromschlag getötet, und auch der nette Cousin, mit dessen Geschäft es langsam bergab ging, ist abgetreten und hat einen untröstlichen Anhang von Kindern und Tieren hinterlassen. Mein Schrank ist voller Buttondown-Hemden, und ich glaube, der kleine Schallplattenladen wurde von einem Pralinenhändler übernommen. Da der Zug nach Berck von der Gare du Nord abfährt, werde ich eines Tages vielleicht jemanden bitten, im Vorbeigehen nachzusehen.

»Bravo, Céleste!« ruft Sylvie. »Mama, mir reicht's«, murrt Théophile. Es ist fünf Uhr. Das Läuten, das mir sonst so freundschaftlich erscheint, bekommt etwas von einer Totenglocke, weil es den Augenblick der Trennung verkündet. Der Wind bringt ein bißchen Sand zum Fliegen. Das Meer hat sich so weit zurückgezogen, daß die Badenden nur noch winzige Punkte am Horizont sind. Vor der Rückfahrt wollen sich die Kinder am Strand austoben, und Sylvie und ich bleiben allein. Schweigend drückt sie meine leblosen Finger. Hinter ihrer dunklen Brille, die einen wolkenlosen Himmel spiegelt, weint sie leise über unser aus den Fugen geratenes Leben.

In meinem Zimmer treffen wir uns für die letzten Gefühlsbezeigungen. »Wie geht's dir, mein Freund?« Dem Freund ist die Kehle zugeschnürt, er hat Sonnenbrand auf den Händen, und sein

Steißbein ist vom zu langen Sitzen im Rollstuhl zu Brei geworden, aber er hatte einen wunderbaren Tag. Und ihr, ihr Jungen, welche Erinnerung werdet ihr an diese Ausflüge in meine unendliche Einsamkeit bewahren? – Sie sind weg. Das Auto muß schon auf Paris zurasen. Ich versenke mich in die Betrachtung einer Zeichnung von Céleste, die gleich an der Wand aufgehängt wurde. Eine Art Fisch mit zwei Köpfen, von blauen Wimpern gesäumten Augen und bunten Schuppen. Das Interessante an der Zeichnung sind nicht diese Einzelheiten, sondern ihre Form, die auf verwirrende Weise dem mathematischen Symbol für Unendlich entspricht. Die Sonne strömt zum Fenster herein. Um diese Zeit fallen ihre blendenden Strahlen genau auf das Kopfende meines Bettes. In der Rührung des Abschieds habe ich vergessen, ihnen ein Zeichen zu geben, den Vorhang zuzuziehen. Vor dem Ende der Welt wird schon noch ein Pfleger vorbeikommen.

Paris

Ich entferne mich. Langsam, aber sicher. So wie der Seemann auf einer Überfahrt die Küste verschwinden sieht, von der er aufgebrochen ist, fühle ich meine Vergangenheit verschwimmen. Mein früheres Leben brennt noch in mir, wird aber mehr und mehr zur Asche der Erinnerung.

Seit ich an Bord meiner Taucherglocke untergebracht bin, habe ich trotzdem zwei Blitzreisen nach Paris in eine Klinik gemacht, um die Meinungen der medizinischen Koryphäen einzuholen. Beim ersten Mal hat mich Rührung überwältigt, als der Krankenwagen zufällig an dem ultramodernen Gebäude vorbeifuhr, in dem ich früher mein verwerfliches Gewerbe als Chefredakteur einer berühmten Frauenzeitschrift ausübte. Zuerst habe ich das Nachbargebäude erkannt, eine Antiquität aus den sechziger Jahren, dessen bevorstehenden Abriß ein Schild ankündigte, dann unsere ganz verspiegelte Fassade, in der sich Wolken und Flugzeuge reflektierten. Davor liefen ein paar dieser vertrauten Gestalten herum, denen man zehn Jahre lang täglich begegnet, ohne ihren Namen zu kennen. Ich verrenkte mir den Hals, um zu sehen, ob ein bekannteres Gesicht dabei war, hinter der Dame mit dem Knoten und dem stämmigen Kerl im grauen Kittel. Das Schicksal hat es nicht gewollt. Vielleicht hat jemand von den Büros im fünften Stock aus meine Karosse vorbeifahren sehen? Ich habe einige Tränen vor der Bar vergossen, in der ich manchmal das Stammessen aß. Ich kann ziemlich diskret weinen. Dann sagt man, mein Auge träne.

Bei meiner zweiten Fahrt nach Paris, vier Monate später, war ich fast gleichgültig geworden. Die Straße stand in ihrer Julipracht, aber für mich war noch immer Winter, und ich sah auf eine gefilmte Kulisse, die für mich hinter die Scheiben des Krankenwagens projiziert wurde. Beim Film nennt man das Rückprojektion: das Auto des Helden rast über eine Straße, die auf einer Studiowand vorbeisaust. Hitchcocks Filme verdanken diesem Verfahren, als es noch unvollkommen war, viel von ihrer Poesie. Meine Fahrt durch Paris hat mich völlig kaltgelassen. Dabei fehlte nichts. Die Hausfrauen in geblümten Kleidern und die Jugendlichen auf Rollschuhen. Das Brummen der Busse. Die Flüche der Motorrollerkuriere. Die Place de l'Opéra wie auf einem Gemälde von Dufy. Die Bäume im Sturmangriff auf die Fassaden und ein wenig Watte am blauen Himmel. Nichts fehlte, außer mir. Ich war anderswo.

Gemüse

»Am 8. Juni werden es sechs Monate, daß mein neues Leben angefangen hat. Eure Briefe sammeln sich im Schrank, Eure Zeichnungen an der Wand, und da ich nicht jedem einzeln antworten kann, kam ich auf die Idee dieser Samisdats, um von meinen Tagen, meinen Fortschritten und Hoffnungen zu berichten. Zuerst wollte ich glauben, es sei nichts passiert. In dem halbbewußten Zustand, der dem Koma folgt, sah ich mich schon bald, bloß vielleicht auf Krücken, in den Pariser Trubel zurückkehren.«

Das waren die ersten Worte des ersten Rundbriefs aus Berck, den ich im späten Frühjahr meinen Freunden und Bekannten zu schreiben beschloß. An etwa sechzig Empfänger gerichtet, erregte dieses Schreiben ein gewisses Aufsehen und korrigierte den durch Gerüchte angerichteten Schaden ein wenig. Die Stadt, dieses Ungeheuer mit hundert Mündern und tausend Ohren, das nichts weiß, aber alles sagt, hatte nämlich beschlossen, mit mir abzurechnen. Im *Café de Flore,* einem der Basislager des Pariser Snobismus, von dem die

Gerüchte aufschwirren wie Brieftauben, hatten mir Nahestehende folgendes Gespräch zwischen unbekannten Klatschmäulern aufgeschnappt; es erinnerte an die Gefräßigkeit von Geiern, die eine aufgeschlitzte Gazelle entdeckt haben. »Weißt du, daß B. zu Gemüse geworden ist?« sagte der eine. »Natürlich, ich hab's gehört. Gemüse, ja, Gemüse.« Das Wort »Gemüse« mußte wohl dem Gaumen dieser Auguren schmeicheln, denn es wurde mehrmals, zwischen zwei Bissen überbackener Käseschnitte, wiederholt. Und der Ton insinuierte, daß nur ein Kulturbanause nicht wissen könne, daß ich nun eher zur Welt des Gemüses gehörte als zur menschlichen Gemeinschaft. Wir lebten in einer Friedenszeit. Die Überbringer falscher Nachrichten wurden nicht mehr erschossen. Wenn ich beweisen wollte, daß mein intellektuelles Potential weiterhin dem einer Schwarzwurzel überlegen war, konnte ich nur auf mich selbst bauen.

So ist eine kollektive Korrespondenz entstanden, die ich Monat für Monat fortsetze und dank derer ich immer mit allen, die ich liebe, in Verbindung bin. Mein Stolz hat Früchte getragen. Von einigen Unerbittlichen abgesehen, die hartnäckig schweigen, haben alle begriffen, daß man mich in meiner Taucherglocke erreichen kann, auch wenn sie mich manchmal an die Ränder unerforschter Welten davonträgt.

Ich bekomme bemerkenswerte Briefe. Sie wer-

den geöffnet, entfaltet und vor meinen Augen aus-
gebreitet – ein Ritual, das mit der Zeit entstanden ist
und dem Eintreffen der Post etwas von einer stum-
men, heiligen Zeremonie verleiht. Ich lese jeden
Brief gewissenhaft selbst. Manchen fehlt es nicht an
Ernst. Sie sprechen vom Sinn des Lebens, von der
Überlegenheit der Seele, vom Mysterium jeder ein-
zelnen Existenz, und in einer seltsamen Umkeh-
rung behandeln die, mit denen ich die oberfläch-
lichsten Beziehungen hatte, diese Grundfragen am
ausführlichsten. Ihre Unbekümmertheit verbarg
Tiefen. War ich blind und taub, oder bedarf es
unbedingt der Beleuchtung durch ein Unglück, um
einen Menschen in seinem wahren Licht zu zeigen?

Andere Briefe schildern ganz schlicht die kleinen Dinge, die das Vergehen der Zeit anzeigen.
Rosen, die in der Dämmerung gepflückt wurden,
das Faulenzen an einem verregneten Sonntag, ein
Kind, das vor dem Einschlafen weint. Direkt aus
der Realität gegriffen, bewegen mich diese Lebens-
splitter, dieses Aufwallen von Glück mehr als alles
andere. Ob es drei Zeilen oder acht Seiten sind, ob
sie aus dem fernen Morgenland oder aus Montmo-
rency kommen – ich hebe all diese Briefe wie
Schätze auf. Eines Tages möchte ich sie gern anein-
anderkleben, um ein kilometerlanges Band daraus
zu machen, das wie eine Fahne zum Ruhm der
Freundschaft flattert.

Das wird die Geier fernhalten.

Die Promenade

Bleierne Hitze. Ich würde trotzdem gern ausfahren. Es ist Wochen, vielleicht Monate her, daß ich aus dem Krankenhausbezirk hinausgekommen bin, um meine rituelle Promenade auf der Esplanade am Meer zu machen. Beim letzten Mal war es noch Winter. Eisige Luftwirbel ließen Staubwolken auffliegen, und die wenigen Schaulustigen gingen, in dicke Hüllen eingemummelt, schräg gegen den Wind. Heute habe ich Lust, Berck im Sommergewand zu sehen, seinen Strand, den ich menschenleer kennengelernt habe und von dem man mir sagt, er sei von der sorglosen Julimenge überfüllt. Um vom Haus *Sorrel* aus auf die Straße zu gelangen, muß ich drei Parkplätze überqueren, deren rauher, unebener Belag eine schwere Prüfung für den Hintern ist. Ich hatte den Parcours, mit dem ich mir den Ausflug erkämpfen muß, vergessen, seine Kanaldeckel, seine Schlaglöcher und seine auf dem Bürgersteig geparkten Autos.

Das Meer! Sonnenschirme, Surfbretter und ein Kordon von Badenden vervollständigen die Postkarte. Es ist ein Ferienmeer, weich und gutartig. Nichts von dem stählern schimmernden, grenzenlosen Raum, den man von den Terrassen des Krankenhauses aus betrachtet. Dabei sind es die gleichen Wellentäler und -berge, ist es der gleiche dunstige Horizont.

Wir fahren in einem Kommen und Gehen von Eistüten und knallroten Schenkeln über die Esplanade. Ich stelle mir vor, eine Kugel Vanilleeis von einer sonnengeröteten jungen Haut abzulecken. Niemand beachtet mich wirklich. In Berck ist ein Rollstuhl etwas so Alltägliches wie in Monte Carlo ein Ferrari, und es begegnen einem überall so arme Teufel wie ich, gliederlahm und sabbernd. Heute nachmittag begleiten mich Claude und Brice. Sie kenne ich seit vierzehn Tagen, ihn seit fünfundzwanzig Jahren, und es berührt mich seltsam, zu hören, wie mein alter Komplize der jungen Frau, die jeden Tag kommt, um sich dieses Buch diktieren zu lassen, von mir erzählt. Von meinem aufbrausenden Charakter, meiner Leidenschaft für Bücher, meiner unmäßigen Vorliebe für gutes Essen, meinem roten Cabrio, alles wird erwähnt. Wie ein Erzähler, der die Legenden einer versunkenen Welt ausgräbt. »So habe ich Sie nicht gesehen«, sagt Claude. Meine Welt ist von nun an geteilt zwischen denen, die mich vorher gekannt haben, und den anderen. Was für ein Bild mögen sie sich von meiner früheren Persönlichkeit machen? Ich habe nicht einmal ein Foto in meinem Zimmer, das ich ihnen zeigen könnte.

Wir bleiben oben an einer breiten Treppe stehen, die zur Strandbar und einer schönen Anordnung von pastellfarbenen Badekabinen führt. Die Treppe erinnert mich an den großen Eingang der Metrostation Porte-d'Auteuil, die ich als Kind benutzte, wenn ich mit chlorumflorten Augen aus dem Schwimmbad kam. Das Molitor-Bad ist vor ein paar Jahren abgerissen worden. Und Treppen sind für mich nur noch Sackgassen.

»Willst du zurück?« fragt Brice. Ich protestiere energisch, indem ich den Kopf nach allen Seiten schüttele. Umkehren kommt nicht in Frage, bevor ich das eigentliche Ziel dieser Expedition erreicht habe. Wir fahren an einem altmodischen Karussell mit Holzpferden vorüber, dessen Drehorgelmusik meine Ohren zerreißt. Wir begegnen Fangio, einem Unikum aus dem Krankenhaus, wo er unter diesem Beinamen bekannt ist. Steif wie ein Stock, kann Fangio nicht sitzen. Dazu verurteilt, entweder zu stehen oder zu liegen, bewegt er sich bäuchlings auf einem Wägelchen, das er selbst mit erstaunlicher Geschwindigkeit in Bewegung setzt. Aber wer ist eigentlich dieser sportlich wirkende große Schwarze, der ihm mit dem lauten Ruf »Achtung, hier kommt Fangio!« den Weg frei macht? Er verschwindet aus meinem Blickfeld. Endlich erreichen wir den äußersten Punkt unseres

Rundgangs, ganz am Ende der Esplanade. Ich habe diesen weiten Weg nicht etwa gemacht, um ein noch nie gesehenes Panorama zu entdecken, sondern um mich an den Ausdünstungen zu laben, die einer bescheidenen Baracke am Ende des Strands entweichen. Ich werde vor dem Wind abgestellt und spüre meine Nasenflügel vor Wonne beben, als sie einen vulgären, betäubenden und für gewöhnliche Sterbliche absolut unerträglichen Duft erschnuppern. »Oje!« sagt eine Stimme hinter mir. »Das stinkt ja nach angebranntem Fett.«

Ich dagegen kann gar nicht genug bekommen von dem Frittengeruch.

Zwanzig zu eins

Endlich! Der Name des Pferdes ist mir wieder eingefallen. Es hieß Mithra-Grandchamp.

Vincent muß jetzt gerade durch Abbeville fahren. Wenn man mit dem Auto aus Paris kommt, ist das der Moment, wo die Fahrt einem allmählich lang erscheint. Auf die leere, superschnelle Autobahn folgt eine zweispurige Nationalstraße, über die sich eine ununterbrochene Schlange von PKWs und Lastwagen wälzt.

Damals, vor mehr als zehn Jahren, als die folgende Geschichte passierte, hatten Vincent, ich und einige andere die unerhörte Chance, bei einer heute nicht mehr existierenden Morgenzeitung das Heft in der Hand zu halten. Der Eigentümer, ein Industrieller mit leidenschaftlicher Liebe für die Presse, war so tollkühn gewesen, sein Baby dem jüngsten Team von Paris anzuvertrauen, während von seiten der Politik und der Banken schon das finstere Komplott geschmiedet wurde, mit dem ihm sein sechs Jahre zuvor gegründetes Blatt abgenommen werden sollte. Ohne daß wir es wußten, spielte er mit uns seinen letzten Trumpf aus, und wir setzten uns tausendprozentig ein.

Jetzt fährt Vincent über die Kreuzungen, wo man die Straßen nach Rouen und Le Crotoy links liegenlassen und die schmale Straße einschlagen muß, die durch eine Reihe kleiner Ortschaften nach Berck führt. Diese Kreisverkehranlagen bringen diejenigen, die die Strecke nicht kennen, vom Wege ab. Aber Vincent verliert den Norden nicht aus den Augen, da er mich schon öfter besucht hat. Und zu einem guten Orientierungssinn kommt bei ihm, zum äußersten getrieben, der Sinn für Treue hinzu.

Wir waren also ständig im Einsatz. Morgens früh, spätabends, am Wochenende und manchmal sogar in der Nacht erledigten wir mit unbekümmerter Fröhlichkeit die Arbeit für zwölf. Vincent hatte zehn große Ideen pro Woche: drei ausgezeichnete, fünf gute und zwei katastrophale. Meine Rolle bestand ein wenig darin, ihn zum Aussortieren zu zwingen, denn mit seinem ungeduldigen Charakter hätte er am liebsten alles sofort verwirklicht gesehen, was ihm so durch den Kopf schoß.

Ich höre ihn bis hier auf sein Lenkrad trommeln und auf das Straßenbauamt fluchen. In zwei Jahren wird die Autobahn bis Berck führen, aber vorläufig ist es nur eine Baustelle, an der man, hinter Wohnwagen eingezwängt, entlangfährt.

Wir trennten uns nie. Wir lebten, aßen, tranken, schliefen, träumten nur von der Zeitung und für die Zeitung. Wer kam auf die Idee mit dem Pferderennen? Es war ein schöner Wintersonntag, sonnig, kalt und trocken, und in Vincennes fanden Rennen statt. Weder er noch ich waren Pferdekenner, aber der Pferdesportreporter schätzte uns genug, um uns im Restaurant der Rennbahn zu bewirten und uns den Sesam-öffne-dich zu liefern, der das Tor zur geheimnisvollen Welt der Rennen aufsperrt: einen Tip. Wenn man ihn hörte, war er wasserdicht, garantiert sicher, und da Mithra-Grandchamp mit der Quote zwanzig zu eins lief, versprach es ganz schön was einzubringen, viel mehr als eine mündelsichere Anlage.

Jetzt hat Vincent den Ortseingang von Berck erreicht und fragt sich wie alle einen Moment lang beklommen, wieso er hierhergekommen ist.

Wir hatten ein amüsantes Mittagessen im großen Speisesaal eingenommen, der den Blick auf die ganze Rennbahn eröffnet und in dem herausgeputzte Gruppen von Gangstern, Zuhältern, mehrfach Vorbestraften und anderen bösen Buben verkehren, die sich in der Welt des Turfs bewegen. Gesättigt und zufrieden saugten wir gierig an langen Zigarren und warteten in der aufgeheizten Atmosphäre, in der Strafregister wie Orchideen erblühen.

Am Meer angekommen, biegt Vincent ab und fährt die große Esplanade entlang, ohne hinter der Menge der Sommergäste die öde, eisige Landschaft des winterlichen Berck wiederzuerkennen.

Damals in Vincennes haben wir so lange getrödelt, daß das Rennen schließlich ohne uns losging. Der Wettschalter wurde vor unserer Nase geschlossen, bevor ich Zeit hatte, das Bündel Geldscheine aus der Tasche zu ziehen, das die Redaktion mir anvertraut hatte. Trotz strikter Anweisungen zur Diskretion hatte Mithra-Grandchamps Name die Runde gemacht und das Gemunkel den unbekannten Außenseiter in ein Wundertier verwandelt, auf das alle gesetzt hatten. Jetzt konnte man sich nur noch das Rennen ansehen und hoffen ... Am Eingang der letzten Kurve hatte Mithra-Grandchamp begonnen, sich vom Feld zu lösen. Am Ausgang zählte er fünf Längen Vorsprung, und wir sahen ihn wie im Traum die Ziellinie überqueren, seinen nächsten Verfolger fast vierzig Meter hinter sich. In der Redaktion haben sie bestimmt vor dem Fernsehapparat gesessen und gejubelt.

Vincents Auto schlängelt sich auf den Kranken-
hausparkplatz. Die Sonne strahlt. An diesem
Punkt brauchen die Besucher Schneid, um mit zu-
geschnürter Kehle die letzten Meter zu überwin-
den, die mich von der Welt trennen: die automatisch aufgehenden Glastüren, den Aufzug Nr. 7
und den schrecklichen kleinen Flur, der zum Zimmer 119 führt. Durch die offenstehenden Türen
sieht man nur Liegende und ans Bett Gefesselte,
die das Schicksal an die äußersten Grenzen des
Lebens zurückgeworfen hat. Bei diesem Anblick
bleibt manchen die Luft weg. Sie müssen erst einmal ein bißchen herumlaufen, ehe sie mit festerer
Stimme und weniger feuchten Augen bei mir ankommen. Wenn sie sich endlich getrauen, könnte
man meinen, es seien Taucher mit Atemnot. Ich
weiß sogar von welchen, die hier vor meiner Tür
die Kräfte verließen: Sie haben kehrtgemacht und
sind nach Paris zurückgefahren.

Vincent klopft und tritt schweigend ein. Durch
die Blicke der anderen habe ich mich so daran ge-
wöhnt, daß ich die kleinen Funken des Entsetzens
nicht mehr wahrnehme, die in seinen Augen auf-
scheinen. Oder mir schaudert jedenfalls nicht mehr
so davor. Mit meinen von der Lähmung atrophier-
ten Gesichtszügen versuche ich etwas aufzusetzen,
was ein Begrüßungslächeln sein soll. Diese Gri-
masse erwidert Vincent mit einem Kuß auf die Stirn.
Sein roter Haarschopf, seine in viele Falten gelegte

Miene, seine untersetzte Gestalt, die von einem Fuß auf den anderen tänzelt, verleihen ihm das komische Aussehen eines walisischen Gewerkschaftlers, der einen Kumpel, das Opfer eines Schlagwetters, besuchen kommt. Mit halb gesenkter Deckung kommt Vincent wie ein Boxer der Klasse Leichtschwergewicht näher. Am Tag von Mithra-Grandchamp, nach dem verhängnisvollen Einlauf ins Ziel, hat er nur folgendes von sich gegeben: »Arschlöcher. Wir sind richtige Arschlöcher. In der Redaktion nehmen sie uns mit der Brechstange auseinander.« Das war damals sein Lieblingsausdruck.

Um ehrlich zu sein, ich hatte Mithra-Grandchamp vergessen. Diese Geschichte ist mir gerade erst wieder eingefallen und hinterläßt eine doppelt schmerzliche Spur. Das Heimweh nach einer entschwundenen Vergangenheit und vor allem die Reue über verpaßte Gelegenheiten. Mithra-Grandchamp, das sind die Frauen, die man nicht geliebt hat, die Chancen, die man nicht ergriffen hat, die Glücksmomente, die man vorüberziehen ließ. Heute kommt es mir so vor, als werde mein ganzes Leben nur eine Verkettung solcher kleiner Fehlschläge gewesen sein. Ein Rennen, dessen Ausgang man kennt, aber bei dem man unfähig ist, den Gewinn einzustreichen. Apropos Gewinn, wir haben uns aus der Affäre gezogen, indem wir allen ihre Einsätze zurückgegeben haben.

Die Entenjagd

Über die mannigfachen Unannehmlichkeiten hinaus, die das Locked-in-Syndrom mit sich bringt, leide ich an einer schweren Störung meiner Lauscher. Das rechte Ohr ist völlig verstopft, und links verstärkt und verzerrt meine Eustachische Röhre alle Töne jenseits von zwei Meter fünfzig. Wenn ein Flugzeug über den Strand fliegt und das Werbeband des hiesigen Vergnügungsparks hinter sich herzieht, habe ich ein Gefühl, als hätte man mir eine Kaffeemühle auf das Trommelfell gepfropft. Aber das ist nur ein vorübergehendes Getöse. Viel ätzender ist der dauernde Krach aus dem Flur, wenn jemand trotz meiner Bemühungen, alle für das Problem meiner Ohren zu sensibilisieren, die Tür nicht zugemacht hat. Absätze klappern auf dem Linoleum, Liegen stoßen gegeneinander, Gespräche überschneiden sich, das Personal kommuniziert lautstark wie Börsenmakler an einem Tag mit heftigen Kursbewegungen, Radios werden eingeschaltet, denen niemand zuhört, und alles übertönend, vermittelt eine Bohnermaschine einen akustischen Vorgeschmack auf die Hölle. Dann gibt es noch die schrecklichen Patienten. Ich kenne welche, deren einziges Vergnügen darin besteht, immer wieder dieselbe Kassette zu hören. Ich hatte einen sehr jungen Zimmernachbarn, dem man eine Plüschente mit einem raffinierten Alarmsystem geschenkt hatte. Sobald jemand das Zimmer betrat, das heißt achtzigmal am Tag, gab seine Ente eine schrille, durchdringende Melodie von sich. Zum Glück ist der kleine Patient entlassen worden, bevor ich meinen Plan zur Entenvernichtung verwirklichen konnte. Ich habe ihn trotzdem noch in petto, man weiß ja nie, welches Unheil untröstliche Familien noch hervorrufen können. Die Siegespalme für extravagante Nachbarschaft kommt jedoch einer Kranken zu, deren Sinne durch das Koma ganz durcheinandergeraten waren. Sie biß die Krankenschwester, packte die Pfleger beim männlichen Teil ihrer Anatomie und konnte kein Glas Wasser verlangen, ohne wie am Spieß zu schreien. Anfangs löste dieser falsche Alarm jedesmal ein regelrechtes Kampfgetöse aus, und als alle mit den Kräften am Ende waren, ging man dazu über, sie zu jeder beliebigen Tages- und Nachtzeit sich die Kehle aus dem Hals schreien zu lassen. Diese Einlagen gaben der neurologischen Station einen recht aufregenden Anstrich von »Kuckucksnest«, und als man unsere Freundin verlegte, um sie anderswo ihr »Hilfe, ich werde

ermordet!« brüllen zu lassen, hat es mir irgendwie
leid getan.

Erlöst von solcherlei Radau, in der wiederein-
getretenen Stille, kann ich die Schmetterlinge hören, die in meinem Kopf umherfliegen. Dazu ist
viel Aufmerksamkeit und sogar Sammlung nötig,
denn ihre Flügelschläge sind fast unhörbar. Etwas
lautes Atmen genügt, um sie zu übertönen. Es ist
übrigens erstaunlich – mein Hörvermögen bessert
sich nicht, und doch höre ich sie immer deutlicher.
Ich muß ein Ohr für Schmetterlinge haben.

Sonntag

Durch das Fenster sehe ich die ockerbraunen Klin-
kerfassaden, die im Licht der ersten Sonnenstrah-
len heller werden. Der Stein nimmt ganz genau die
rosa Färbung der griechischen Grammatik von
M. Rat an, eine Erinnerung an die vierte Klasse.
Ich war bei weitem kein brillanter Hellenist, aber
ich mag diesen warmen, tiefen Farbton, der mir
noch immer ein Universum des Wissens eröffnet,
in dem man auf Tuchfühlung mit Alkibiades' Hund
und den Helden der Thermopylen kommt. Far-
benhändler nennen ihn »altrosa«. Er hat nichts mit
dem Heftpflasterrosa der Krankenhausflure ge-
mein. Noch weniger mit dem Mauve, in dem in
meinem Zimmer Sockel, Tür- und Fensterleibun-
gen gestrichen sind und das aussieht wie die Ver-
packung eines billigen Parfums.

Heute ist Sonntag. Ein Sonntag zum Fürchten,
an dem sich unglücklicherweise kein Besucher an-
gemeldet hat und kein wie immer geartetes Ereignis die zähe Abfolge der Stunden unterbrechen
wird. Keine Heilgymnastik, keine Logopädin, kein

Psychologe. Eine Durchquerung der Wüste mit einer noch knapper als sonst ausfallenden Morgentoilette als einziger Oase. An diesen Tagen versetzen die Nachwirkungen der Samstagsgelage, verbunden mit der Sehnsucht nach Familienpicknicks, Tontaubenschießen oder Krabbenfangen, worum sie durch ihren Dienstplan gebracht werden, das Pflegepersonal in eine mechanische Stumpfheit, und die Reinigungsprozedur hat mehr mit Kadaververwertung zu tun als mit Thalassotherapie. Eine dreifache Dosis des besten Eau de Cologne genügt nicht, um über die Tatsache hinwegzutäuschen: man stinkt.

Heute ist Sonntag. Wenn ich mir den Fernseher einschalten lasse, darf ich mich nicht vertun. Ich muß höchst strategisch vorgehen. Es können nämlich drei oder vier Stunden vergehen, bevor die gute Seele kommt, die ein anderes Programm einschalten kann, und manchmal ist es besser, auf eine interessante Sendung zu verzichten, wenn eine tränenreiche Serie, ein abgeschmacktes Spiel und eine reißerische Talk-Show folgen. Der Beifall auf Teufel komm raus tut mir in den Ohren weh. Ich ziehe den stillen Genuß von Dokumentarfilmen über Kunst, Geschichte oder Tiere vor. Ich sehe sie mir ohne Kommentar an, so wie man ein Holzfeuer betrachtet.

Es ist Sonntag. Die Glocke schlägt feierlich die Stunden. Der kleine Kalender von der öffentlichen

Fürsorge an der Wand, von dem Tag für Tag ein Blatt abgerissen wird, zeigt schon August. Was ist das für ein Paradox: Die Zeit steht still – und rast zugleich in wildem Tempo? In meiner eingeengten Welt dehnen sich die Stunden, und die Monate vergehen wie der Blitz. Ich kann es nicht fassen, daß schon August ist. Freunde, Frauen, Kinder sind vom Ferienwind verstreut. In der Phantasie schleiche ich mich in die Biwaks, in denen sie ihr Sommerquartier aufgeschlagen haben, auch wenn mir diese Rundreise ein wenig das Herz zerreißt. In der Bretagne kommt ein Schwarm Kinder auf Fahrrädern vom Markt. Alle Gesichter strahlen vor Lachen. Einige dieser Kinder haben das Alter der großen Sorgen schon lange erreicht, aber auf diesen von Rhododendren gesäumten Wegen kann jedes seine verlorene Unschuld wiederfinden. Heute nachmittag werden sie die Insel im Boot umrunden. Der kleine Motor wird gegen die Strömungen ankämpfen. Jemand wird sich mit geschlossenen Augen im Bug ausstrecken und den Arm im kalten Wasser treiben lassen. In der Provence muß man sich im Innern der Häuser verkriechen, auf die die Sonne niederbrennt. Man füllt seine Aquarellblocks. Ein Kätzchen mit gebrochener Pfote sucht in einem Pfarrgarten nach schattigen Ecken, und weiter südlich, in der Camargue, überquert eine Wolke junger Stiere die Weite eines Sumpfs, aus dem der Duft des ersten Anisschnapses aufsteigt.

Überall überstürzen sich die Vorbereitungen für das große sonntägliche Treffen, das alle Mamas im voraus vor Ermattung zum Gähnen bringt, das für mich aber etwas von einem phantastischen, vergessenen Ritus bekommt: das Mittagessen.

Es ist Sonntag. Ich betrachte forschend die Bücher, die sich auf dem Fensterbrett stapeln und eine ziemlich nutzlose kleine Bibliothek bilden, denn heute wird niemand kommen und mir daraus vorlesen. Seneca, Zola, Chateaubriand, Valery Larbaud sind einen Meter von mir entfernt, aber grausam unerreichbar. Eine pechschwarze Fliege läßt sich auf meiner Nase nieder. Ich verdrehe den Kopf, um sie abzuschütteln. Sie klammert sich fest. Die griechisch-römischen Ringkämpfe bei den Olympischen Spielen waren nicht so wild. Es ist Sonntag.

Les demoiselles de Hongkong

Ich habe das Reisen geliebt. Zum Glück konnte ich im Laufe der Jahre genügend Bilder, Aromen, Eindrücke speichern, um an Tagen, wenn hier ein schiefergrauer Himmel jede Aussicht verstellt, auf Reisen gehen zu können. Das sind seltsame Streifzüge. Der ranzige Geruch einer New Yorker Bar. Der Duft des Elends auf dem Markt von Rangun. Reisen ans Ende der Welt. Die eiskalte weiße Nacht von Sankt Petersburg oder die unglaubliche Weißglut der Sonne von Furnace Creek in der Wüste von Nevada. Diese Woche ist es ein wenig speziell. Jeden Morgen in der Dämmerung fliege ich nach Hongkong, wo der Kongreß der internationalen Ausgaben meiner Zeitschrift tagt. Ich sage weiterhin »meine Zeitschrift«, obwohl es nicht mehr zutrifft, so als bilde dieses Possessivpronomen einen der dünnen Fäden, die mich mit der Welt verbinden, die sich bewegt.

In Hongkong habe ich ein wenig Probleme, mich zurechtzufinden, denn im Gegensatz zu vielen anderen Städten war ich dort noch nie. Jedesmal, wenn sich die Gelegenheit bot, hielt eine boshafte Schicksalsfügung mich von diesem Ziel fern. Wenn ich nicht am Tag vor der Abreise krank wurde, verlegte ich meinen Paß, oder eine Reportage berief mich an einen anderen Ort. Kurzum, der Zufall erteilte mir Aufenthaltsverbot. Einmal habe ich meinen Platz Jean-Paul K. überlassen, der später mehrere Jahre in einem Kerker in Beirut verbringen sollte, wo er sich die Liste der edlen Bordeaux-Weine aufsagte, um nicht verrückt zu werden. Seine Augen lachten hinter seinen runden Brillengläsern, als er mir aus Hongkong ein schnurloses Telefon mitbrachte, was damals der allerletzte Schrei war. Ich mochte Jean-Paul sehr, aber ich habe die Geisel der Hisbollah nie wiedergesehen, wahrscheinlich weil ich mich schämte, mich damals dafür entschieden zu haben, eine kleine Rolle in einer Welt des Luxus und der Moden zu spielen. Jetzt bin ich der Gefangene, und er ist der freie Mann. Und da ich nicht alle Weingüter im Médoc kenne, mußte ich mir eine andere Litanei ausdenken, um die leersten Stunden auszufüllen. Ich zähle die Länder, in denen meine Zeitschrift erscheint. Es gibt schon achtundzwanzig Staaten in dieser UNO der Verführung.

Apropos, wo seid ihr, meine lieben Mitschwestern, ihr unermüdlichen Botschafterinnen unseres *french touch*? Den ganzen Tag über habt ihr im Salon eines Hotels auf chinesisch, englisch, thai, portugiesisch und tschechisch diskutiert, um die

metaphysischste aller Prüfungsfragen zu beant-
worten: Wer ist die ›Elle‹-Frau? Ich stelle mir euch
jetzt in den neontriefenden Straßen Hongkongs
vor, wo man Taschencomputer und Schalen mit
Nudelsuppe verkauft, wie ihr hinter der ewigen
Fliege unseres Generaldirektors hertrippelt, der
alle Mann im Sturmschritt anführt. Halb Spirou,
halb Bonaparte, bleibt er nur vor den höchsten
Wolkenkratzern stehen und mustert sie so verwe-
gen, als wolle er sie gleich verschlingen.

Wohin geht's, General? Springen wir auf das
Tragflügelboot nach Macao, um ein paar Dollar in
der Hölle zu verbrennen, oder gehen wir hinauf in
die Bar *Felix* im Hotel *Peninsula,* die der französische Designer Philippe S. ausgestattet hat? Ein An-
fall von Narzißmus läßt mich den zweiten Vor-
schlag wählen. Ein Bildnis von mir, der ich es
hasse, fotografiert zu werden, ist in dieser luftigen
Schenke auf die Lehne eines Stuhls reproduziert,
zusammen mit etwa zehn anderen Pariser Figuren,
deren Porträt Philippe S. anfertigen ließ. Natürlich
hat diese Aktion einige Wochen bevor das Schicksal mich in eine Vogelscheuche verwandelte statt-
gefunden. Ich weiß nicht, ob mein Sitz besser oder
schlechter ankommt als die anderen, aber erzählen
Sie dem Barkeeper ja nicht die Wahrheit. Die Menschen dort sind abergläubisch, und keine jener rei-
zenden kleinen Chinesinnen im Minirock würde
sich mehr auf mich setzen.

Die Botschaft

Diese Ecke des Krankenhauses erweckt zwar den falschen Eindruck eines angelsächsischen College, aber die Stammgäste der Cafeteria gehören ganz sicher nicht zum Club der toten Dichter. Die Mädchen haben harte Augen, die Jungen Tätowierungen und manchmal Ringe an den Fingern. Sie sitzen in ihren Sesseln beisammen, um über Raufereien und Motorräder zu reden, und rauchen eine Zigarette nach der anderen. Alle scheinen ein Kreuz auf ihren schon gebeugten Schultern zu tragen, ein Galeerenschicksal mitzuschleppen, in dem der Aufenthalt in Berck nur eine Station zwischen einer Kindheit als geschlagener Hund und einer Zukunft als Arbeitsloser ist. Wenn ich durch ihre verrauchte Höhle fahre, wird es still wie in der Sakristei, aber ich kann in ihren Augen weder Mitleid noch Mitgefühl lesen.

Durch das offene Fenster hört man das bronzene Herz des Krankenhauses schlagen, die Glokke, die das Himmelsblau viermal in der Stunde zum Schwingen bringt. Auf einem Tisch voll leerer

Becher ruht eine Schreibmaschine mit einem quer eingespannten rosa Blatt Papier. Wenn das Blatt vorläufig auch jungfräulich bleibt, bin ich doch sicher, daß eines Tages eine Botschaft für mich darauf stehen wird. Ich warte.

Im Musée Grévin

Heute nacht habe ich im Traum das Musée Grévin besichtigt. Es hatte sich sehr verändert. Der Eingang im Stil der Belle Epoque, die Zerrspiegel und das Gruselkabinett waren noch da, aber die Galerien mit den Persönlichkeiten aus der Gegenwart hatte man verschwinden lassen. Im ersten Raum habe ich die ausgestellten Personen nicht gleich erkannt. Da der Kostümbildner sie in Stadtkleidung gesteckt hatte, mußte ich sie eine nach der anderen mustern und ihnen im Geist einen weißen Kittel überziehen, bevor ich merkte, daß diese gaffenden Kerle im T-Shirt, diese Mädels im Minirock, diese zur Statue erstarrte Hausfrau mit ihrem Einkaufswagen, dieser junge Mann mit Motorradhelm in Wirklichkeit die Krankenschwestern und Pfleger waren, die sich von morgens bis abends an meinem Bett ablösen. Alle waren sie da, in Wachs erstarrt, die Sanften, die Brutalen, die Sensiblen, die Gleichgültigen, die Aktiven, die Faulen, die, zu denen ein näherer Kontakt entsteht, und die, in deren Händen ich nur ein Kranker unter anderen bin.

Anfangs haben manche mich in Angst und Schrecken versetzt. Ich sah in ihnen nur meine Gefängniswärter, die Gehilfen bei einem abscheulichen Komplott. Später habe ich andere gehaßt, wenn sie mir den Arm umdrehten, während sie mich in den Rollstuhl setzten, mich eine ganze Nacht vor dem eingeschalteten Fernseher vergaßen, mich trotz meines Kopfschüttelns in einer schmerzhaften Haltung sitzenließen. Einige Minuten oder einige Stunden lang hätte ich sie umbringen können. Und dann, da die Zeit die kälteste Wut verschlingt, sind sie Vertraute geworden, die ihrer heiklen Mission, so gut es geht, nachkommen: unser Kreuz ein wenig aufzurichten, wenn es unsere Schultern zu sehr wund scheuert.

Ich habe sie mit Spitznamen versehen, die nur ich kenne, damit ich sie, wenn sie mein Zimmer betreten, mit meiner dröhnenden inneren Stimme anrufen kann: »Hallo, Blauauge! Salut, großer Duduche!« Sie wissen natürlich nichts davon. Der um mein Bett tanzt und Rockerposen annimmt, wenn er mich fragt: »Wie geht's?«, ist David Bowie. Prof bringt mich mit seinem grauhaarigen Kinderkopf und dem Ernst zum Lachen, den er aufsetzt, um den immer gleichen Satz loszulassen: »Hoffentlich passiert nichts.« Rambo und Terminator sind, wie man schon ahnt, nicht gerade Muster an Sanftheit. Da ist mir Thermometer schon lieber, deren Hingabe vorbildlich wäre, wenn sie nicht systematisch dieses Utensil in meiner Achselhöhle vergessen würde.

Dem Wachsbildner des Grévin ist es mit wechselndem Erfolg gelungen, die Vollmondgesichter und die hübschen Frätzchen dieser seit Generationen zwischen den Winden der Côte d'Opale und den fetten Feldern der Picardie lebenden Menschen des Nordens einzufangen, die gern in ihren Dialekt verfallen, sobald sie unter sich sind. Manche ähneln sich kaum. Es hätte des Talents eines jener mittelalterlichen Miniaturisten bedurft, deren Pinsel das Landvolk auf den Straßen Flanderns wie durch Zauberei zu neuem Leben erweckte. Diese Begabung hat unser Künstler nicht. Er hat es jedoch verstanden, auf naive Weise den jugendlichen Reiz der Schwesternschülerinnen wiederzugeben, die drallen Arme der hiesigen Mädchen und das Karminrot ihrer vollen Wangen. Beim Verlassen des Raums dachte ich, daß ich sie alle gern mag, meine Quälgeister.

Im folgenden Saal entdeckte ich zu meiner Überraschung eine scheinbar identische Wiedergabe meines Zimmers im *Hôpital maritime*. Bei näherem Hinsehen erwiesen sich die Fotos, Zeichnungen und Poster allerdings als ein Patchwork aus ungenauen Farben, ein Dekor, das aus einer gewissen Entfernung eine Illusion erwecken sollte wie die Farbtupfen eines impressionistischen Gemäldes. Im Bett war niemand, nur eine von fahlem

Licht umgebene Vertiefung in der Mitte der gelben Laken. Hier fiel es mir nicht schwer, die in den schmalen Durchgängen neben diesem verlassenen Lager stehenden Personen zu identifizieren. Es waren die Mitglieder der verstärkten Wache, die am Tag nach der Katastrophe spontan um mich herum entstanden war.

Auf einem Hocker sitzend, schrieb Michel sorgfältig in das Heft, in dem meine Besucher alle meine Äußerungen verzeichnen. Anne-Marie arrangierte einen Strauß von vierzig Rosen. Bernard hielt in der einen Hand Paul Morands ›Journal d'un attaché d'ambassade‹ und machte mit der anderen eine Advokatengeste. Die Nickelbrille auf seiner Nasenspitze tat ein übriges, ihm das Aussehen eines professionellen Tribuns zu geben. Florence pinnte mit einem melancholischen Lächeln, das von ihrem schwarzen Haar umrahmt wurde, Kinderzeichnungen auf eine Korkplatte, und Patrick lehnte an einer Wand und schien in Gedanken versunken. Von diesem wie lebendig wirkenden Tableau ging eine große Sanftheit aus, eine gemeinsame Traurigkeit und ein Konzentrat jener ernsten Zuneigung, die ich bei jedem Besuch dieser Freunde verspüre.

Ich wollte meinen Rundgang fortsetzen, um zu sehen, ob das Museum noch andere Überraschungen für mich bereit hatte, aber in einem dunklen Gang hielt mir ein Wärter seine Fackel mitten ins

Gesicht. Ich mußte blinzeln. Beim Erwachen beugte sich eine wirkliche kleine Krankenschwester mit rundlichen Armen und einer Taschenlampe in der Hand über mich: »Ihre Schlaftablette, soll ich sie Ihnen jetzt oder erst in einer Stunde geben?«

Der Angeber

Die Bänke des Pariser Gymnasiums, auf denen ich meine ersten Jeans abwetzte, habe ich gemeinsam mit einem langen, rotgesichtigen Jungen gedrückt, der Olivier hieß und dessen galoppierende Mythomanie den Umgang sympathisch machte. Mit ihm brauchte man nicht ins Kino zu gehen. Man saß ständig auf dem besten Platz, und dem Film fehlte es nicht an Effekten. Montags überraschte er uns mit Erzählungen von seinem Wochenende, die ›Tausendundeiner Nacht‹ würdig waren. Wenn er seinen Sonntag nicht mit Johnny Hallyday verbracht hatte, war er in London gewesen, um den nächsten James-Bond-Film zu sehen, es sei denn, jemand hatte ihm die neue Honda geliehen. Damals wurden gerade die japanischen Motorräder in Frankreich eingeführt und versetzten die Schulhöfe in Begeisterung. Von morgens bis abends wickelte uns unser Schulkamerad in kleine Lügen und große Prahlereien ein, ohne Bedenken, immer neue Geschichten zu erfinden, auch wenn sie den vorherigen widersprachen. Um zehn Uhr Waise, beim

Mittagessen einziges Kind, konnte er nachmittags vier Schwestern für sich entdecken, deren eine Eiskunstlaufmeisterin war. Und sein Vater, in Wirklichkeit ein biederer Beamter, wurde mal der Erfinder der Atombombe, mal der Impresario der Beatles oder der verheimlichte Sohn von General de Gaulle. Da Olivier es selbst aufgegeben hatte, Ordnung in sein Gerede zu bringen, dachten wir nicht daran, ihm dessen Haltlosigkeit vorzuwerfen. Wenn er uns eine allzu unverdauliche Fabel auftischte, äußerten wir schon einige Vorbehalte, aber er beteuerte seine Aufrichtigkeit mit einem so empörten »Ich schwör's dir!«, daß man schnell nachgeben mußte.

Nach dem letzten Stand der Dinge ist Olivier weder Jagdflieger noch Geheimagent, noch Berater eines Emirs, wie er es immer vorhatte. Ganz logischerweise arbeitet er in der Werbung und nutzt sein unerschöpfliches Talent als Pillenversüßer.

Es tut mir ein wenig leid, daß ich ihn von oben herab angesehen habe, denn heute beneide ich Olivier um seine Meisterschaft in der Kunst, sich Geschichten zu erzählen. Ich bin nicht sicher, ob ich je eine solche Leichtigkeit erreichen werde, auch wenn ich selbst schon angefangen habe, mir glorreiche Ersatzschicksale auszudenken. Wenn es mir gerade paßt, bin ich Formel-1-Fahrer. Sie haben mich sicher auf einer Rennstrecke in Monza oder in Silverstone gesehen. Der geheimnisvolle Rennwagen ohne Marke und ohne Nummer, das bin ich. In meinem Bett, ich meine, in meinem Cockpit liegend, nehme ich die Kurven in vollem Tempo, und mein vom Sturzhelm schwerer Kopf neigt sich schmerzhaft unter der Wirkung der Schwerkraft. Ich spiele auch den kleinen Soldaten in einer Fernsehserie über die großen Schlachten der Geschichte. Ich habe Alesia, Poitiers, Marignan, Austerlitz und den Chemin des Dames mitgemacht. Da ich bei der Landung in der Normandie verwundet wurde, weiß ich noch nicht, ob ich noch einen Sprung nach Dien Bien Phu machen werde. Unter den Händen der Heilgymnastin bin ich ein Außenseiter der *Tour de France* am Abend einer Etappe, die zur Legende werden wird. Sie beruhigt meine von der Anstrengung explodierten Muskeln. Ich flog nur so über den Paß von Tourmalet. Ich höre noch das Schreien der Menge an der Straße zum Gipfel und bei der Abfahrt das Zischen der Luft in den Speichen. Ich habe eine Viertelstunde Vorsprung vor der Spitzengruppe. »Ich schwör's dir!«

›A day in the life‹

Nun sind wir fast am Ende des Wegs angelangt, und es bleibt mir nur noch, jenen Freitag, den 8. Dezember 1995 unseligen Angedenkens wach-zurufen. Vom Beginn an hatte ich Lust, meine letzten Augenblicke als perfekt funktionierender Erdbewohner zu erzählen, aber ich habe es so lange aufgeschoben, daß mir jetzt, im Moment des Sprungs zurück in meine Vergangenheit, schwind-lig wird. Ich weiß nicht mehr, wie ich damit anfan-gen soll, mit diesen bleiernen und nichtigen Stun-den, die nicht greifbar sind, wie die Quecksilber-tropfen aus einem zerbrochenen Thermometer. Die Worte entziehen sich. Wie soll man den bieg-samen, warmen Körper des großen dunkelhaari-gen Mädchens beschreiben, neben dem man zum letzten Mal erwacht, ohne ihn zu beachten, fast murrend. Alles war grau, trübe, entsagungsvoll: der Himmel, die Leute, die von mehreren Streik-tagen der öffentlichen Verkehrsbetriebe erschöpfte Stadt. Gleich Millionen anderer Pariser nahmen Florence und ich diesen neuen Tag mit seiner Aussicht auf ein unentwirrbares Chaos mit leerem Blick und abgespanntem Gesicht wie Zombies in Angriff. Automatisch machte ich all diese einfachen Bewegungen, die mir heute wie ein Wunder erscheinen: sich rasieren, sich anziehen, eine Schale Kakao trinken. Seit Wochen hatte ich dieses Datum vereinbart, um das neue Modell einer deutschen Automobilfirma zu testen, deren Importeur mir den ganzen Tag lang einen Wagen mit Fahrer zur Verfügung stellte. Zur verabredeten Zeit wartet ein gestylter junger Mann vor dem Haus, an einen metallic-grauen BMW gelehnt. Durchs Fenster betrachte ich die so schwere, so stattliche große Limousine. Ich frage mich, wie ich mit meiner alten Jeansjacke in dieser Karosse für leitende Angestellte aussehen werde. Ich lehne die Stirn gegen die Scheibe, um die Kälte zu spüren. Florence streichelt zärtlich über meinen Nacken. Der Abschied ist flüchtig, unsere Lippen berühren sich kaum. Schon springe ich die Treppe hinunter, deren Stufen nach Wachs riechen. Das wird der letzte Geruch der alten Zeiten sein.

I read the news today, oh boy ...

Zwischen zwei apokalyptischen Verkehrsmeldungen bringt das Radio einen Beatles-Song, ›A day in the life‹, ich wollte schon schreiben, einen »alten« Beatles-Song, ein echter Pleonasmus, da ihre letzte Aufnahme von 1970 stammt. Der BMW gleitet wie ein fliegender Teppich durch den Bois de Boulogne, ein sanfter, wollüstiger Kokon. Mein Chauffeur ist sympathisch. Ich lege ihm meine Pläne für den Nachmittag dar: meinen Sohn bei seiner Mutter, vierzig Kilometer außerhalb von Paris abholen.

He did not notice that the lights had changed ...

Seit ich im Juli meine Familie verlassen habe, hatten Théophile und ich kein wirklich vertrautes Beisammensein, kein Gespräch unter Männern. Ich habe vor, ihn ins Theater, zu dem neuen Stück von Arias zu schleppen, dann in einer Brasserie an der Place Clichy ein paar Austern zu essen. Es ist beschlossene Sache, daß wir das Wochenende zusammen verbringen. Ich hoffe nur, der Streik macht keinen Strich durch diese Pläne.

I'd like to turn you on ...

Ich liebe das Arrangement dieses Stücks, wenn das ganze Orchester sich zum Crescendo steigert bis hin zur Explosion des Schlußtons. Es hört sich an wie ein Klavier, das aus dem sechzigsten Stock fällt. Jetzt sind wir im Viertel Levallois. Der BMW hält vor der Redaktion an. Ich verabrede mich mit dem Fahrer für 15 Uhr.

Auf meinem Schreibtisch liegt nur eine Nachricht, aber was für eine! Ich soll dringend Simone V. zurückrufen, die frühere Gesundheitsministerin, die ehemals populärste Frau Frankreichs, die auf Lebenszeit die oberste Stufe des imaginären Pantheons der Zeitschrift gepachtet hat. Solche Anrufe kommen nie zufällig, und ich erkundige mich erst einmal, was wir gesagt oder getan haben könnten, um eine Reaktion bei dieser fast göttlichen Persönlichkeit hervorzurufen. »Ich glaube, sie ist nicht sehr zufrieden mit ihrem Foto in der letzten Nummer.« Meine Assistentin spielt die Sache herunter. Ich sehe mir die besagte Nummer an und finde das inkriminierte Foto, eine Montage, die unser Idol eher lächerlich macht, als daß sie es zur Geltung bringt. Das ist eines der Mysterien unseres Berufs. Man arbeitet wochenlang an einem Thema, es geht wieder und wieder durch die erfahrensten Hände, und keiner sieht den Schnitzer, den ein journalistischer Lehrling nach vierzehn Tagen Praktikum erkennen würde. Ich lasse einen wahren telefonischen Sturm über mich ergehen. Da sie der Meinung ist, die Zeitschrift schmiede seit Jahren ein Komplott gegen sie, habe ich die größten Schwierigkeiten, sie davon zu überzeugen, daß ihr dort im Gegenteil ein regelrechter Kult geweiht wird. Gewöhnlich obliegen diese »Retuschen« Anne-Marie, der Redaktionsleiterin, die im Umgang mit Berühmtheiten die Geduld einer Spitzenklöpplerin an den Tag legt, während ich, was die Diplomatie angeht, mehr Ähnlichkeit mit Käpt'n Haddock[*] habe als mit Henry Kissinger. Als wir nach einer

---

[*] Käpt'n Haddock: der immer schlechtgelaunte Kapitän in der Comic-Serie ›Tintin‹ (deutscher Titel: ›Tim und Struppi‹).

Dreiviertelstunde auflegen, habe ich das Gefühl, nur mehr eine Rolle Teppichboden zu sein.

Obwohl es zum guten Ton gehört, sie »ein biß-chen langweilig« zu finden, würden die Damen und Herren Chefredakteure um nichts in der Welt eines jener Mittagessen verpassen, die Geronimo, auch Louis XI. und von seinen Anhängern Ayatollah genannt, veranstaltet, um »nach dem Stand der Dinge zu sehen«. Dort, in der obersten Etage, im weitläufigen Speisesaal, der der höchsten Direktion des Verlagshauses vorbehalten ist, verbreitet der große Chef in kleinen Dosen die Zeichen, nach denen man sich die Beliebtheit seiner Untertanen bei ihm ausrechnen kann. Zwischen der mit samtener Stimme vorgetragenen Huldigung und der schroff wie ein Klauenhieb erteilten Abfuhr verfügt er über ein ganzes Repertoire von Mimiken, Grimassen und Bartkratzen, das wir im Lauf der Jahre zu entziffern gelernt haben. An dieses letzte Essen erinnere ich mich kaum, außer daß ich zur Henkersmahlzeit Wasser getrunken habe. Als Hauptgang gab es, glaube ich, Rind. Vielleicht haben wir uns mit dem Rinderwahnsinn infiziert, von dem man damals noch nicht sprach. Da er eine Inkubationszeit von fünfzehn Jahren hat, können wir es in Ruhe abwarten. Der einzige angekündigte Tod war der Mitterrands, dessen Chronik Paris in Atem hielt. Würde er das Wochenende überleben? Tatsächlich blieb ihm noch ein ganzer Monat. Das wirklich Unangenehme an diesen Essen ist, daß sie kein Ende nehmen. Als ich meinen Fahrer wieder treffe, fällt schon der Abend über die Glasfassade herein. Um Zeit zu gewinnen, ging ich wie ein Dieb noch einmal in mein Büro, ohne mich von jemandem zu verabschieden. Trotzdem ist es schon nach vier.

»Wir werden in die Klemme geraten.«

»Tut mir leid.«

»Sie haben's auszubaden ...«

Einen Moment lang habe ich Lust, alles sausenzulassen: im Theater abzusagen, Théophiles Besuch zu verschieben, mich mit einem Becher Quark und einem Kreuzworträtsel unter meinem Federbett zu vergraben. Ich beschließe, dem Gefühl von Niedergeschlagenheit zu widerstehen, das mich an der Gurgel packt.

»Es wäre besser, nicht über die Autobahn zu fahren.«

»Wie Sie wollen ...«

So stark der BMW auch ist, er bleibt im Gewühl auf dem Pont de Suresnes hängen. Wir fahren an der Rennbahn von Saint-Cloud entlang, dann am *Hôpital Raymond-Poincaré* in Garches. Ich kann dort nicht vorbeifahren, ohne daß mir eine ziemlich gruselige Erinnerung aus meiner Kindheit einfällt. Als Schüler am *Lycée Condorcet* hatte ich einen Turnlehrer, der mit uns ins Stadion von Vaucresson fuhr, um Freiluftübungen zu machen, die mir verhaßter waren als alles andere. Eines Tages prallte der Bus, der uns transportierte, mit voller Wucht auf einen Mann, der, ohne sich umzuschauen, aus dem Krankenhaus gelaufen kam. Es gab ein komisches Geräusch und eine Vollbremsung. Der Mann war auf der Stelle tot und hinterließ eine Blutspur auf der Windschutzscheibe des Busses. Es war ein Winternachmittag wie dieser. Bis man alles aufgenommen hatte, war es Abend geworden. Ein anderer Fahrer brachte uns nach Paris zurück. Hinten im Bus wurde mit zittrigen Stimmen ›Penny Lane‹ gesungen. Schon wieder die Beatles. An welche Schlager wird sich Théophile erinnern, wenn er vierundvierzig ist?

Nach eineinhalb Stunden Fahrt kommen wir an dem Haus an, in dem ich zehn Jahre gelebt habe. Nebel senkt sich über den großen Garten, der in der Zeit des Glücks von so vielen Rufen, so viel Gelächter widerhallte. Théophile erwartet uns, auf seinem Rucksack sitzend, fertig fürs Wochenende in der Diele. Ich würde gern telefonieren, um die Stimme von Florence, meiner neuen Lebensgefährtin, zu hören, aber sie wird jetzt wohl zum Sabbatgebet bei ihren Eltern sein. Ein einziges Mal habe ich diesem Ritual in einer jüdischen Familie beigewohnt. Das war hier, in Montainville, im Haus des alten tunesischen Arztes, der meine Kinder zur Welt gebracht hat.

Von da an wird alles unzusammenhängend.

Mein Sehen trübt sich, und meine Gedanken geraten durcheinander. Ich setze mich trotzdem ans
Steuer des BMW und konzentriere mich auf die
rot-gelben Lichter des Armaturenbretts. Ich fahre
im Zeitlupentempo und erkenne im Lichtstrahl
der Scheinwerfer kaum die Kurven, die ich doch
Tausende Male genommen habe. Ich fühle Schweiß
auf meiner Stirn perlen, und als uns ein Auto ent-
gegenkommt, sehe ich es doppelt. An der ersten
Kreuzung fahre ich auf die Seite. Ich steige
schwankend aus dem BMW. Ich kann kaum gerade
stehen. Ich lasse mich auf den Rücksitz fallen. Ich
habe nur eine fixe Idee: zurück ins Dorf zu fahren,
wo auch meine Schwägerin Diane wohnt, die
Krankenschwester ist. Halb bewußtlos, bitte ich
Théophile, sie schnell zu holen, sobald wir vor
ihrem Haus ankommen. Einige Sekunden später
ist Diane da. Sie untersucht mich in weniger als
einer Minute. Ihr Urteil lautet: »Er muß in die
Klinik. So schnell wie möglich.« Bis dorthin sind
es fünfzehn Kilometer. Diesmal rast der Chauffeur
wie ein Rennfahrer mit quietschenden Reifen los.
Ich fühle mich äußerst merkwürdig, so als hätte
ich einen LSD-Trip eingeworfen, und ich sage mir,
daß solche Phantasien nicht mehr zu meinem Alter
passen. Nicht einen Augenblick kommt mir der
Gedanke, daß ich vielleicht im Begriff bin zu ster-
ben. Auf der Straße nach Mantes brummt der
BMW in den höchsten Tönen, und wir überholen

eine ganze Schlange Autos, indem wir uns mit Hupen einen Weg bahnen. Ich will etwas sagen wie: »Wartet, es wird gleich wieder besser. Es lohnt nicht, einen Unfall zu riskieren«, aber kein Ton kommt aus meinem Mund, und mein unkontrollierbar gewordener Kopf wackelt hin und her. Die Beatles und ihr Song von heute morgen fallen mir wieder ein. *And as the news were rather sad, I saw the photograph.* Sehr schnell sind wir vor der Klinik. Leute rennen in alle Richtungen. Mit baumelnden Armen werde ich in einen Rollstuhl gehoben. Die Türen des BMW schlagen leise zu. Jemand hat mir einmal gesagt, gute Autos erkenne man am Ton dieses Zuschlagens. Das Neonlicht der Flure blendet mich. Im Aufzug überschütten mich Unbekannte mit Ermutigungen, und die Beatles machen sich an das Finale von ›A day in the life‹. Das Klavier, das aus dem sechzigsten Stock fällt. Bevor es aufschlägt, habe ich Zeit für einen letzten Gedanken. Ich muß im Theater absagen. Wir wären ohnehin zu spät gekommen. Wir gehen morgen abend. Übrigens, wo ist eigentlich Théophile? Und ich versinke im Koma.

Der Neubeginn

Der Sommer geht zu Ende. Die Nächte werden kühler, und ich kuschele mich wieder unter die dicken blauen Decken mit dem Aufdruck »Krankenhäuser von Paris«. Jeder Tag bringt sein Teil bekannter Gesichter zurück, die die Ferienzeit ausgeklammert hatte: die für die Wäsche zuständige Frau, den Zahnarzt, den Postverteiler, eine Krankenschwester, die inzwischen Großmutter eines kleinen Thomas geworden ist, und den Pfleger, der sich im Juni an einem Bettgitter den Finger gebrochen hatte. Alle nehmen ihre vertrauten Gänge und Gewohnheiten wieder auf, und dieser erste Neubeginn im Krankenhaus nach den Ferien bestätigt mich in einer Gewißheit: Ich habe wirklich und wahrhaftig ein neues Leben begonnen, und es findet hier, zwischen diesem Bett, diesem Rollstuhl, diesen Fluren statt, und nirgendwo anders.

Ich schaffe es, das Lied vom Känguruh zu brummen, die Testhymne meiner logopädischen Fortschritte:

»Das Känguruh ist über die Mauer gesprungen,
Die Mauer vom Zoo,
Mein Gott, war sie breit,
Mein Gott, war es gescheit.«

Vom Neubeginn der anderen dringen nur gedämpfte Echos zu mir. Neuerscheinungen in der Literatur, ein neues Schuljahr, eine neue Saison in Paris – bald werde ich mehr darüber wissen, wenn die Reisenden sich wieder auf den Weg nach Berck machen und in ihrem Gepäck phantastische Neuigkeiten mitbringen. Angeblich läuft Théophile mit Sportschuhen herum, deren Absätze blinken, wenn er damit auftritt. Man kann ihm im Dunkeln folgen. Bis dahin genieße ich zum ersten Mal seit langer Zeit fast leichten Herzens die letzte Augustwoche. Ich habe nicht mehr das schreckliche Gefühl eines Countdowns, der, zu Beginn der Ferien in Gang gesetzt, unerbittlich deren größten Teil verdirbt.

Die Ellbogen auf den rollbaren kleinen Resopaltisch gestützt, der ihr als Schreibtisch dient, liest Claude mir diese Texte vor, die wir seit zwei Monaten jeden Nachmittag geduldig aus dem Nichts geholt haben. Es freut mich, manche Seiten wiederzuhören. Andere enttäuschen uns. Wird all das ein Buch ergeben? Während ich ihr zuhöre, betrachte ich ihr braunes Haar, ihre sehr blassen Wangen, die Sonne und Wind kaum etwas rosig gefärbt haben, ihre von langen bläulichen Venen durchzogenen Hände und die Szenerie, die das Erinnerungsbild eines arbeitsamen Sommers werden wird. Das große blaue Heft, dessen rechte Seiten sie mit einer ordentlich über die Linien laufenden Schrift füllt, das Federmäppchen voll nachfüllbarer Stifte, der Stoß Papierservietten für den schlimmsten Speichelfluß und die Geldbörse aus rotem Bast, aus der sie ab und zu das Kleingeld nimmt, um sich einen Kaffee zu holen. Durch den halboffenen Reißverschluß des Täschchens sehe ich einen Hotelzimmerschlüssel, eine Metrokarte und einen zusammengefalteten Hundertfrancschein, die mir vorkommen wie von einer auf die Erde entsandten Raumsonde mitgebrachte Objekte, anhand deren die Wohn-, Transport- und Handelsbeziehungsweisen der Erdbewohner studiert werden sollen. Der Anblick macht mich ratlos und nachdenklich. Gibt es in diesem Kosmos einen Schlüssel, um meine Taucherglocke aufzuriegeln? Eine Metrolinie ohne Endstation? Eine genügend starke Währung, um meine Freiheit zurückzukaufen? Ich muß anderswo suchen. Ich mache mich auf den Weg.

Berck-Plage, Juli–August 1996

Inhalt

Ein Teil der Einnahmen aus diesem Buch
geht Baubys Verfügung gemäß
an eine Stiftung für L. I. S.-Patienten.

A. L. I. S (Association of the locked-in syndrome)
http://www.club-internet.fr/alis
e-mail: alis@club-internet.fr.
38, boulevard Jean Jaurès
92100 Boulogne
France

Vom Heranwachsen in der Hölle der Provinz

In seinem beeindruckenden Debüt-
roman erzählt Peter Truschner auf
schonungslose und bildkräftige Weise
vom Heranwachsen in der Hölle der
Provinz - eine Geschichte vom Weg
ins Freie, die die "Knoten der Erinnerung" nicht zerschlägt, sondern sie
in einer teils drastischen, teils zarten
Sprache auflöst. Schlangenkind – viel
mehr als eine Talentprobe, ein erster,
großer Roman.

176 Seiten. Gebunden. ISBN 3-552-05176-7

Zsolnay Verlag

In der gleichen augenfreundlichen Schrift
bei <u>dtv</u> erschienen:

Anne Biegel / Heleen Swildens
Wo ist denn meine Brille?
Briefwechsel zweier Frauen über das Älterwerden
Deutsch von Hanne Schleich
<u>dtv</u> 25100

Anne Biegel / Heleen Swildens
Mitreden ist Gold
Anne und Heleen setzen ihren Briefwechsel
über das Älterwerden fort
Deutsch von Hanne Schleich
<u>dtv</u> 25107

Anne Biegel / Heleen Swildens
Lust und Plage der späten Tage
Neue Briefe der Autorinnen von
›Wo ist denn meine Brille?‹
Deutsch von Hanne Schleich
<u>dtv</u> 25145

»Die beiden Autorinnen wagen eine tabufreie
Bestandsaufnahme der Probleme alter Menschen.
Ein ernsthaft-heiteres Buch für Alte und Junge.«
Utz Utermann in der ›Hörzu‹

In der gleichen augenfreundlichen Schrift
bei <u>dtv</u> erschienen:

Viele schöne Tage
Ein Lesebuch
Zusammengestellt von Helga Dick
und Lutz-W. Wolff
<u>dtv</u> 25126

Vierzehn ungewöhnliche Erzählungen.

»Schöne Tage – man wünscht sie anderen, und man wünscht sie sich selbst. Manche schönen Tage scheinen vorprogrammiert: Hochzeiten, Jubiläen, Geburtstage und natürlich der Urlaub. Aber wer sich selbst besser kennt, weiß auch, daß es oft die unauffälligen Stunden sind, die Glück und Zufriedenheit ausmachen, die seltsame Begegnungen und Überraschungen bringen und am Ende das Leben verändern. Einige dieser Augenblicke sind hier festgehalten von Madison Smartt Bell, Heimito von Doderer, Barbara Frischmuth, Peter Härtling, Marlen Haushofer, Franz Hohler, Hanna Johansen, Marie Luise Kaschnitz, Roland Koch, Siegfried Lenz, Margriet de Moor, Isabella Nadolny, Herbert Rosendorfer und Christa Wolf.

Jostein Gaarder im dtv

»Geboren zu werden bedeutet, daß wir die ganze
Welt geschenkt bekommen.«
Jostein Gaarder

Das Kartengeheimnis
dtv 12500
Vater und Sohn brechen
auf zu einer Reise nach
Griechenland. Kaum aber
erreichen sie die Alpen,
gelangen sie in den Besitz
dieses winzigen Büchleins
mit der irrwitzigen Ge-
schichte von einer magischen
Insel ... Die Geschichte einer dreifachen Reise: einer
wirklichen nach Griechen-
land, einer phantastischen
auf eine magische Insel und
einer gedanklichen in die
Philosophie.

Sofies Welt
Roman über die Geschichte
der Philosophie
dtv 12555
Mysteriöse Briefe landen
im Briefkasten der 15jähri-
gen Sofie. Was sollen diese
Fragen: »Wer bist du?«
oder: »Woher kommt die
Welt?« Die Briefe entfüh-
ren sie in die abenteuer-
liche und geheimnisvolle
Gedankenwelt der großen
Philosophen. – Der Roman,
mit dem Gaarder Welt-
ruhm erlangte.

Das Leben ist kurz
Vita brevis · dtv 12711
Die Geschichte der Liebe
zwischen Floria und dem
berühmten Kirchenvater
Augustinus.

Der seltene Vogel
Erzählungen · dtv 24111
Zehn Erzählungen und
Kurztexte, in denen Gren-
zen überschritten werden:
zwischen Realität und
Traum, Zeit und Unend-
lichkeit, Leben und Tod.
Spielerisch nähert Gaarder
sich den großen Fragen des
Lebens und ermuntert den
Leser, selbst Fragen nach
dem Dasein zu stellen.

Durch einen Spiegel, in
einem dunklen Wort
dtv 12917 und dtv 62033
»Sie hatte die Flurtür offen-
stehen lassen. Die Weih-
nachtsdüfte schwebten aus
dem Erdgeschoß zu Cecilie
hinauf.« Ein unendlicher
Kosmos tut sich der kran-
ken Cecilie auf, als der
Engel Ariel an Weihnachten
mit ihr über die Schöpfung
spricht.